佐藤亮子
Sato Ryoko

幼児教育

頭のいい子に育てる
3歳までに絶対やるべき

東洋経済新報社

はじめに

「私は真っ赤なりんごです～お国は寒い北の国、りんご畑の晴れた日に箱に詰められ汽車ぽっぽ、町の市場へ着きました～りんご、りんご、りんご、りんご、可愛い、ひとりごと～」

この歌をご存知でしょうか。『りんごのひとりごと』という童謡で、私がまだ小さな子どもの頃、母が絵本を見ながらよく歌ってくれました。母は、この歌が好きだったのでしょう。いつも上手に楽しそうに歌ってくれていたのを思い出します。

この歌には、二番と三番があります。りんごはきれいに磨かれて、店先に並べられ、そこから見える青い空を見ながら、育ったりんご畑を思い出します。そして、りんご畑で箱詰めしていたおじいさんは元気かな、と思いを馳せるというものです。母が二番、三番と歌っていくうちに、悲しくなったのを思い出します。子どもながらに、故郷を離れたりんごの気持ちが感じ取られたのでしょう。そのときに見ていた絵本のりんごの絵は、今もはっきりと思い出せます。世代も時代も超えて口ずさむことができ、それぞれが懐かしく日本の季節の風景が一瞬にして脳裏に浮かぶのは、童謡ならではでしょう。絵本にもそのような思い出をお持ちの方は多いのではないでしょうか。

私の幼児教育の二本柱「絵本」「童謡」

本書では、私が幼児教育で実践したことを具体的に紹介していきます。

私が子育てを始めようとしたとき、まず思い出したのは、絵本と童謡でした。私の両親が読んだり歌ったりしてくれたように、シンプルでわかりやすく、美しく、優しく、思いやりのある、そして心から癒される言葉を、子どもたちが生まれてはじめて聞く言葉として耳に入れてあげたいと思ったのです。

ところが、**「絵本」「童謡」には、年齢の《旬》があるのです。絵本や童謡に癒される感性を育むためには、やはり3歳までが一番いいと思います。**大きくなると、そこまでは心に響きません。シンプルな言葉で作られている絵本や童謡は、無垢で純粋な心の子どもでないと受け入れられず、心の奥に染み入らないのではないでしょうか。

しかし、**小さな子どものときに得た感性は、大人になってもずっと生きていく支えになります。**いろいろなことが待ち受けている長い人生で、母が歌ってくれた童謡、父が大きな膝の上に乗せて読んでくれた絵本の、ワクワクする物語や、ほっこりする動物たちの会話などは、精神的に揺らぐことのない支えになることは間違いありません。

子どもが0〜3歳の頃は、お母さんにとって、それはそれは忙しい毎日です。食べさせ、遊ばせ、お風呂に入れて、寝かせるだけであっという間に1日が終わります。その間に家事もありますから、童謡を歌ったり絵本を読んだりしている時間はない、と思われる方も多いでしょう。私もそうでした。でも、工夫すれば意外とできるのです。

本書では、その工夫と、ときどきの思い出や育児中に考えたことを書きました。ぜひ試して、たくさんの絵本と童謡に触れていただきたいと思います。

読解力があれば入試改革も問題なし

わが家の子どもたちは、いまや上の2人は医者に、下の2人は大学生になりました。絵本、童謡といっていたときからはるかに時間がたってしまいました。

子どもたち4人が全員、東京大学理科Ⅲ類（東大理Ⅲ）に合格したため、思いがけないご縁をいただいて、次々と本を出版することになりました。その後、日本全国で講演させていただいている毎日です。講演会では必ず、これからの大学入試改革についてのご質問を受けています。

これから、大学入試は大きく変わろうとしています。これまでのセンター試験にかわって、大学入学共通テストになるということで、保護者の方々は大変心配されています。**新しい大学入学共通テストは、特に《読解力》が必要となる**のが特徴です。

読解力とは、文章を読んだとき、頭の中にその内容の映像が同時に思い浮かべられるか、また、その文章について自分なりの意見が言えるか、というようなことですね。

しかし、読解力の厄介なところは、その力が一朝一夕では身につかないということです。読解力の養成には、まずきれいで基本的な日本語を身につけ、人間の感情や機微を理解し、そこからより複雑な文章を読み解いていくことが必要になってきます。大学入試を受ける18歳の時点でそこまでの実力を自分のものにするには、子どもの頃からの日本語教育が必須だと思います。子どもの頃は人間や世の中の難しい複雑なことは理解できませんから、シンプルな言葉で構成されている絵本と童謡で始めるのが最適なのです。

小学校低学年まで使える幼児教育の実践方法

本書では、「絵本」「童謡」をはじめ、私が独自に考え実践した方法を具体的に紹介したいと思います。基本的には3歳までにやっておきたいおすすめの幼児教育を中心に話を進めますが、その続きにある4歳から6歳まで、また小学校低学年くらいまでの子育てについても、折にふれて紹介します。

私の4人の子どもたちに合わせた方法なので、その中から**みなさんのお子さんに合いそうなものを選んでお試しいただけたらと思っています。**

きっと、3歳までの絵本と童謡の絶大なる効果に驚かれるに違いありません。

子どもたちと保護者の方々の心の中に、今まで長い間歌い継がれてきた童謡のメロディーが流れ続け、また絵本の動物たち、登場人物の会話がより人生を豊かにすることを願っております。

佐藤ママの幼児教育はこんな感じです！

3歳までに
1万回
絵本を読みました

[076P]

3歳までに1万回
童謡を聴かせました

[094P]

妊娠中に小学校の
教科書を集めて
読みました

[283P]

家の中で
新聞を
広げて読みました

[212P]

1歳から公文式を
始めさせ、まず私が
プリントを解きました

[138P]

いつも聞き役に
徹しました

[266P]

小学校に入る前に
九九とひらがなを
覚えさせました

[132P]

詳しくは本編で!

特殊な教育をする
幼稚園は
選びませんでした

[288P]

テレビや
ゲームはなしで、
パズルやトランプで
遊びました

[167・170P]

勉強部屋はなし。
リビングできょうだい全員で
勉強させました

[224P]

INTRODUCTION

3歳までの教育がなぜ大事なのか？
――私の子育ての原点

CHAPTER 1

3歳までに「言葉のシャワー」を浴びせ「言葉の貯金」を貯める
――「絵本」「童謡」で人生の基盤を育む

CHAPTER

2

3歳までに絵本&童謡を1万回読み聞かせる実践メソッド

―何を選ぶ？ どう読み聞かせる？

CHAPTER

3

3歳までにおすすめの勉強・習い事・遊び

――将来の基盤を育むためにやるべきこと

CHAPTER

4

勉強習慣が身につき、言葉の貯金も増える 家の中の「環境」整備

――何を置き、何を取り除くか

CHAPTER

5

お母さんの「話し方」「接し方」は超大事

――国語力アップと情操教育を一度にするコミュニケーション

CHAPTER 6

こんな悩み、あんな悩み、佐藤ママがお答えします
――幼児教育によくあるQ&A

INTRODUCTION

3歳までの教育が なぜ大事なのか？

私の子育ての原点

1 子どもたちの未来を拓くのは「教育」しかない

子どもの学力と将来は親のサポート次第

私は大学卒業後、高校の英語の教師になりました。2年間の教員生活の中で「どんなに熱心に授業をしても宿題を出しても、**勉強する環境や習慣が生徒の自宅になく、自ら学ぼうとしない生徒はなかなか学力が伸びない**」ことを痛感しました。

子どもが宿題をやらなかったり成績が低迷したりしているときには、親のサポートが必要なのです。特に母親の影響は大きく、家庭環境が非常に大事だと感じました。

それで、結婚を機に家庭生活を優先させるために、教師はやめることにしたのです。

「教師をやめるのはもったいない」と言ってくださる方もいましたが、教師は責任が重い大変な仕事ですから、育児と仕事を両立させるのは難しいと感じたのです。

基礎学力をベースにした教育をしよう

自分の子どもをどのように育てようかと考えたところ、どうやら、スポーツや芸術などの才能に期待して生きて行かせるのは、私と主人を見たら無理そうだと思いました。万が一、そのような才能の片鱗が見えたら直ちに方針を変更しようとは思っていましたが、結局そのような奇跡は起こりませんでした。

それで、**子どもの将来の可能性を広げるために、基礎学力をベースにした教育をする**ことにしました。大学受験まで勉強のサポートを全力で行うと決めたのです。

POINT

基礎学力さえあれば、特別な才能がなくても子どもの未来は明るい！

2

「三つ子の魂百まで」最初に何を与えるかはとても大事

3歳までにその後の成長の基礎が育まれる

子どもの年を1つ、2つ、3つと数えるときに、「つ」がつくのは、「ここのつ」と数える9歳までです。スズキ・メソードや公文式などの早期教育では、**「つ」がつくまでの間に、子どもをきちんと育てられるかどうかが勝負**だといわれています。

たとえば、9歳まできちんとした言葉遣いや思考方法で育てられなかったら、その後、急に矯正しようと思っても、結構難しいのです。子どもの成長は、3年ごとで考えるとわかりやすいです。つまり、1～3歳、4～6歳、7～9歳、10～12歳、13～

15歳、16〜18歳、ですね。日本の学校が6・3・3制なこともあり、3年で区切ると育てやすいということです。この6つの区切りを見てみると、子どもの心と体は、18年間でどんどん大きくなっていくのがわかりますね。ということは、やはり一番はじめの0〜3歳がその後の成長の基礎としてどれほど重要かおわかりでしょう。

3歳までは、周りの環境などを自分で判断することはできません。与えられた環境に身を置かざるを得ないのです。親がどのような環境を子どものために用意するか。すべてが白紙のような状態である3歳までに、親がどのような言葉をかけるか、何を子どもに与えるかはすごく大事ですね。

もっとも、最初から完璧な環境で、ということは考えないことです。〈完璧〉という言葉は聞くと気持ちいいのですが、こだわると追い詰められます。だから、深く考え過ぎずに、とりあえず、**親がよいと思うものは全部気楽に3歳までにやらせてみる**ことです。親の好みがかなり入ってもいいと思います。

1歳半から公文式で学習習慣を身につけさせる

妊娠中には、そのときに流行っていた早期教育や幼児教育について調べました。私も主人も早期教育や幼児教育の教室に通ったことがなかったので、非常に興味がありました。私が高校で教えているときに、公文式のことが話題になったのを思い出し、まず公文式の教室を見学にいくことに。見学してみると、これはいい感じだなと思い、長男を1歳半頃から通わせました。

公文式を始めてよかったことは、あの小さなプリントを毎日することによって、乳幼児の頃から楽しく机に向かう学習習慣がついたことです。子どもにとって、椅子に座って鉛筆を持って少しの間でも何かをするというのは、大変な作業なのです。しかし、公文式のプリントはそれが自然にできるような構成になっています。

小学校に入学したとき、学習する習慣がついていなかったら、いきなり授業を受けて勉強し宿題をきちんとやるのは、なかなかハードルの高いことです。やはり、**入学までの6年間で、学習習慣はつけておくべき**ということになりますね。

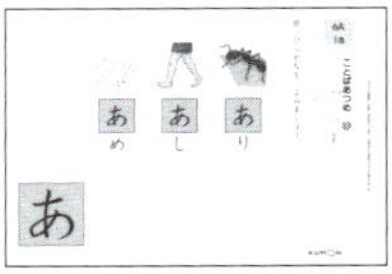

公文式のプリント（こくご）

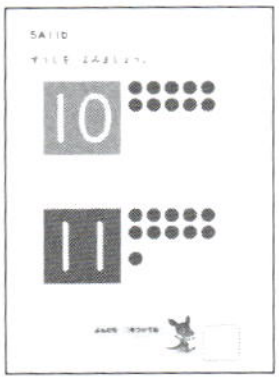

公文式のプリント（さんすう）

3 「絵本」と「童謡」で心と脳を育む

一番頭がやわらかいときに、一番大切なものを与える

先ほど「3歳までに、何を子どもに与えるのかが大事」と述べましたが、できればこの期間に、美しい日本語を聞かせ、人間の優しい感情を感じさせながらきれいな言葉を覚えさせたいですよね。そのときにはやはり、昔からずっと読み継がれていたもの、歌い継がれてきたものは、必ず含めておいてほしいと思います。

私が公文式を選んだ大きな理由の1つに、絵本や童謡をはじめとした教育をしていたからということがあります。

昔から「**三つ子の魂百まで**」と言いますが、3歳までの子育ては非常に大きな影響力を持ちます。生まれてから3年間でまだ文字もわからない子どもに絵本と童謡で知的好奇心を持たせ、学ぼうとする姿勢や習慣をつけてあげることはかなり大切なことなります。

この時期の子どもは、お母さんのそばにいることが大好きです。文章が簡潔で、思わず見入ってしまうほど素敵な絵が描かれている絵本を、お母さんの声で楽しく読んであげ、童謡を楽しく歌ってあげることが、どれだけ子どもたちの脳と心を育むことか。そのときに育てられたものは、子どもの中でどんどん大きくなります。それが、やがて人間の感情や機微を理解し、自分の考えを自分の言葉で表現できる子どもを作るのです。

3歳まではなんと言っても、見るもの聞くものすべてがはじめてで珍しいですから、瞬く間にすべて頭と心に吸収されていきます。**人間の一生でこんなにも柔軟で、吸収力があるときはないのではない**でしょうか。

根本的な感情は後づけできない

のちのち、国語の点数が取れない、読解力がない、本に興味を持たないなどの悩みが出てきますが、3歳までに培った人間としての根本的な感情は、必ず必要になります。実はこの感情はなかなか、後づけできないものなのです。説明しなくてもわかる気持ち、何も言わなくても通じ合える感情、なぜそのように考えたのか目と目で通じ合えるものなどは、3歳までに養っておかなければなりません。

大学受験の記述式問題でも、そのような感情抜きでは、正しく解答できません。3歳までのしっかりとした土壌がなければかなり難しいのです。そのような感情がなければ、解説を読んで理屈で理解するしかなく、心には響かないということになります。

お母さんやお父さんにとっても至福のとき

この3年間は、そんなに長くありません。子どもをたくさん抱っこしたり、膝の上に乗せたりしてあげてください。**子どもはお母さんが大好きで、ずっとそばにいたいし、お母さんの声をずっと聞いていたいのです。**日々の生活がお忙しいとは思いますが、この二度と味わうことのできない時期を逃さないでほしいのです。毎日絵本を読み、童謡を歌い、親も楽しみながら過ごしてください。必ず賢い子どもになりますよ。

3歳までにしたことは、効果があったのか、子どもはわかったのかは、すぐにはわかりません。目に見える目立つ変化が劇的に訪れるわけではないので、親としては続ける意味があるのかなどとつい思ってしまいがちなのですが、そこは、目に見えないところに染み込んでいっていることを忘れずに働きかけてくださいね。お母さんやお父さんが楽しかったら、十分効果はあるので大丈夫です。

特に大切なのが、絵本と童謡で心が育っているということです。親がさまざまな感情について説明しても子どもはピンと来ませんが、絵本の登場人物のさまざまな感情に触れることによって、子どもはその気持ちを肌で感じ取れるようになります。

3歳までに身につけた豊かな感情をもとに、その後に多くの本を読むことで読解力もつきますし、その後のより豊かな人生につながると思います。

POINT

読解力を身につけるには、まず豊かな感情を育てて。3歳までが大事です！

母の膝の上は子どもの特等席

長男が1歳ぐらいのとき、膝に座らせて絵本を読んでいました。まだ小さな長男の頭は私の顎の少し下くらいのところにありました。

私が絵本を読みながら、ページをめくると、長男は興味津々で、右のページ、左のページを見ようとします。すると、右左、左右と頭をクルクル回し、長男のふわふわした髪の毛が私の顎をくすぐるのです。あの頃の赤ちゃんの髪の毛は本当にふわふわしていて、「天使の髪の毛ってこんな感じ？」とも思えるようなやわらかさでした。

いつしか、長男の背は伸び、私の顎のところを越してしまったので、髪の毛の感触を味わうことはできなくなりました。あのときは本当に小さく可愛かったし、思い出すたびに「幸せだったなぁ」って思います。ぜひ、お子さんが小さいときに膝に乗せて、絵本を読んであげて、ふわふわしたやわらかい髪の毛を顎で感じてほしいと思います。

あの幸せな感覚は、小さな子どもを膝の上に座らせて、絵本を読んであげているとき限定なのです。ぜひ、お試しください！

4 3歳までは基礎教育のゴールデンタイム

生後3年は親の教育がやりやすい

子どもが生まれてからの3年間は、実は**親が自分の思い通りの教育がある程度実現できる期間**なのです。

中学生、高校生になると、親の言うことを素直にきかない場合もあり、勉強嫌いの子どもを勉強ができる子どもにするためには大変な苦労を伴います。

でも、生まれてからの3年間をうまく導けば、**勉強が苦ではない素直な子どもに育てることが比較的楽にできる**のです。

0〜3歳の、母親の側にいつもいたいという素直なこの時期に、短い文章の絵本を楽しく読み、童謡を楽しく歌ってあげてください。それだけで脳と心を育てることができる時期ですから、このときを逃す手はありません。

3年で心と頭に豊かな土壌を育む

3歳までの、頭も感情も柔軟で吸収力があるときにしっかりとした土壌を作っておけば、その後蒔いた種から芽が出て、すくすくと育っていきます。小学校に入学してからも、習ったことが、どんどん楽に吸収できるのです。

ところが、**3歳までに何の働きかけもせずに大きくなると、豊かな感情が後々育ちにくくなります。**

感情というものは非常に繊細なものなので、高校生のように大きくなってからでは、理屈をつけて理解せざるを得ないことが多くなり、感性に訴えるということができにくくなるのです。やはり、人間の心というものは、多面的で複合的で一筋縄では理解できません。心のやわらかなときに基礎的な感覚を体で覚えていると、後に未知の他人の感情をも深く想像できる子に育ちます。それが相手を思いやる気持ちにつながるのです。

大人になって世の中に出たとき、生まれも育ちも考え方も違う人々に混じって、お互いの気持ちを思いやりながら生きていく能力が必要になります。ですから、3歳までに心を育てることは、その子の人生にとって非常に大切なことなのです。

3歳までは、頭も感情もとっても柔軟。大きくなると、一筋縄ではいきません。

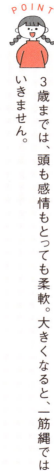

5 3歳までは親の時間をすべて子どもに食べさせる

お母さんも3年は修行

0〜3歳までの3年間というと、1000日ほどです。この時期に、子どもは「**親の時間を食べて大きくなる**」といわれています。お母さんの時間を食べて大きくなるというのなら、思いっきり自分の時間を食べさせて大きくしてみませんか。子どもって、お母さんの時間が大好物らしいのです。お母さんの姿が見えないとウェーンとすぐに泣き出して、ちょっと顔が見えたらすぐに泣き止みます。この愛らしい時期を、とことん味わい尽くしましょう。

「三つ子の魂百まで」という言葉の解釈は「3歳までは厳しく育てるべきだ」「いやいや、小さいので怒ってはいけない」の2つに意見が分かれていました。どちらを取るのかは親次第だと言われています。

私もどちらを採用しようかと考えましたが、やはり、何も知らない小さな子どもを叱ったりするのは違うだろうと思い「3歳までは何があっても怒らない、ダメとも言わない、すべてを見守る」ことを基本方針にして、夫と共有することにしました。しかし、やってみるとこれは、意外と大変でした。子どもは2歳にもなると動きが早くなって、好き勝手に行動します。思わず「ダメでしょ！」「そんなこと、しないの！」と言ってしまいそうになります。

そんなとき、「3歳までは」と自分に言い聞かせて、喉まで出かかった言葉を飲み込んだことは数知れず。そして怒りの言葉を飲み込んでから、次にダメという言葉を使わないでやめさせるのにはどのような言葉を使えばいいのかを考えました。なぜいけないのか、その理由を、言葉を尽くして具体的に説明することに努力しました。たとえば、「ここで走ると、人とぶつかって迷惑だし、転んで危ないから」と説明しました。

とはいっても、2〜3歳頃には「ダメ！」と怒りたくなる場面が多く、結構私も気持ちを抑えていました。子どもは怒りたくなるようなことをしてしまいますが、感情的に怒らないように、修行僧のような気持ちで子育てをしました。3年間の修行で、私自身の感情をコントロールすることができ、後々の子育てで大いに役立ちました。

「**育児は育自**」とよく言われますが、この3年間はその言葉を実感しました。ただ子どもを産んだだけでは、親にはなれないのですね。子どもを育てながら、さまざまなことを考えながら少しずつ「お母さん」になっていくのだと思いました。子どもという生き物がどのようなものなのかが理解できるようになりますから、お母さんもだんだんと腹もすわって忍耐力がつきます。そういう意味で、最初の3年間は、母親になるための修行であり、それはそれで発見するものも多く、面白い3年間となります。

幼児期の寂しい思いは、ずっと残る

もしも、3歳までの時期に子どもに時間をかけてあげられなかったり、手抜き育児になってしまったりすると、子どもが大きくなったときに、親が「もっと子どもに時間をかけてあげればよかった……」と後悔することにもなりかねません。また、子ど

も自身にも、幼いときにもっと甘えたかったという気持ちが残ります。

私がこのように思うのは、ある里親の記事を新聞で読んだからです。お子さんがいないあるご夫婦が、小学5年生の子どもを里子として迎え入れました。抱っこされたことが少なかっただろうと思い、その子どもに「抱っこしてあげるよ」と言ったら、その子は正面から抱きついて来るのではなく、背後に回り、右肩の上から頭を下にして、前に飛び込むようにくるりと体を丸め、逆さになったまま膝の上に乗ってきたそうです。何度「抱っこしてあげるよ」と言っても、どうしてもそのような姿勢になるのだそうです。一体なぜそのように頭を下にして体を丸めた格好をするのか、最初は不思議で仕方がなかったとのことでした。

里子にきたその子どもは生まれてすぐに親に捨てられ、乳児院で育ったため、親に抱っこしてもらった経験がまったくありません。だから、その子はお母さんのお腹の中で頭を下にして丸くなっていた胎児の頃が一番幸せだったのではないか。無意識のうちに、里親の膝の上で丸くなることで、母親のお腹の中にいたその一番幸せな時期を再現しているのではないか、と気がついたということでした。

その子の気持ちに思いを馳せると、胸が潰れる思いだったと里親の方は話していました。お母さんのお腹の中にいたときには、その子はお母さんの声を聞きながら安心して寝たり起きたりして、幸せだったのでしょう。

その記事を読んだとき、人間の感情は複雑で儚《はかな》く、お母さんの存在はとてつもなく大きく偉大で、**どんなに小さな赤ちゃんでも何か寂しい思いがあると、それは心の奥に消えずに残り、未消化のままずっと引きずる**んだなと思いました。

当時「抱き癖がつくから、あまり抱っこしないほうがいい」という意見が主流でしたが、私はそんなことは絶対にない、と確信していました。それで4人の子どもたちを、重過ぎてこちらが立てなくなるまで、抱っこしました。「抱っこしてあげるよ〜」と言って追いかけたとき、「きゃ〜さすがにもういいよ〜」と逃げ出すまで抱っこしてあげてください。

親も子も思い残すことがないように。きっと、いい思い出になりますから。

3年間はお母さんの修行の時期。感情をコントロールして、子どもと向き合って。

CHAPTER

1

3歳までに「言葉のシャワー」を浴びせ「言葉の貯金」を貯める

「絵本」「童謡」で人生の基盤を育む

1 なぜ「言葉のシャワー」「言葉の貯金」が大事なのか

私が一番大切にしたこと

3歳までは特に、物事を自分で判断することは難しく、大人のすることはいいことも悪いことも何でも真似します。ですから、3歳までの何も知らないときに、親がどのような言葉を使うのか、どのような態度を取るのかはすごく大事です。

それで、私はこの期間、子どもたちには「**言葉のシャワー**」をぞんぶんに浴びせて、子どもたちの体の中の「**言葉の貯金**」を増やそうと思いました。世の中の悪い言動から遠ざけ、できるだけ美しい日本語で奏でるきれいな言葉を、たくさん浴びせること

が、子どもの心と感情を豊かにし、それによって深い思索ができる人間に育つように導ける一番いい方法だと思ったからです。

絵本や童謡を推奨する私のメソッドの根底にあるのはこのような考え方なのです。

この考えについて、もう少し詳しく説明していきましょう。

言葉の貯金が多いほど精神的に成熟できる

長男が生まれてすぐの頃、必死に泣いている長男の側で、「この子はどのような理由で泣いているのだろうか？」と、私は腕組みして考えながら長男を見ていました。するど手伝いに来てくれていた母が、「赤ちゃんが泣いているのに、腕組みして覗き込んでいる母親をはじめて見たわよ！」とすごく怒って、「泣いているときには、とにかくすぐ抱っこするのよ」と言っていました。

赤ちゃんが泣くときには、「お腹がすいた」「うんちやおしっこでおむつが気持ち悪い」「暑い」「寒い」「抱っこしてほしい」「痛いところがある」などさまざまな理由があるのだと次第に理解できるようになりました。赤ちゃんは理由なく泣いているように見えますが、まだ言葉を話せないだけなのです。理由を説明できないだけなのです。

人間は言葉を使って生活していますから、子どもが自分の感情を的確に言葉で表現できるよう育てなければと思いました。そのために、生まれたときからできるだけたくさんの言葉のシャワーを常に浴びせてあげるよう、努力することにしました。

言葉の大切さについて考えていたときに思い出したのが、ヘレン・ケラーのお話です。小さな子どものとき、高熱のため三重苦（見えない、聞こえない、話せない）を抱えてしまったヘレンには、「世の中は言葉で成り立っている」ということがわかっていませんでした。だから、自分の感情を他人に伝えるすべを知らなかった彼女は、精神的に不安定で手がつけられないほどの乱暴な子どもに育っていました。それを心配した両親が、家庭教師のサリバン先生にヘレンの教育を頼むことにしたのです。

あるとき、暴れるヘレンに手を焼いたサリバン先生は、ヘレンを井戸に連れていき、彼女の手に冷たい水をかけました。そして、すぐに「WATER」とヘレンの手のひらに指で書きました。何度も何度も、水をかけながら「WATER」と1文字ずつ、丁寧に手のひらに書いたのです。

最初は、ヘレンはそれが何を意味するのかまったくわかりませんでした。なんと言っても、一度も言葉を聞いたことがありませんから、当たり前の話です。ヘレンは自分の手のひらに感じる何か冷たいものと、サリバン先生が指で書いていることは同じものなのだとすぐには気がつきませんでした。

でも、ある瞬間、手にかかっている冷たいものと、手のひらに何度も感じているサリバン先生の指の動きが表すものが、同じものなのだとひらめくのです。

ヘレンの伝記は何度読んでも、このシーンに感動します。物にはすべて名前があり、すべてのものが文字で表せるのだと気づいたとき、ヘレンは「そうだったのか！」と心の深い霧が一気に晴れていくような感じではなかったかと想像できます。

その後の彼女の活躍は、ご存知のとおりです。その活躍が「WATER」という言葉から始まったというのは、非常に象徴的です。自分の感情を暴れることでしか伝えることができなかったヘレンが、言葉の存在を知り、言葉で伝えるすべを知って、やっと人間社会で生きていくスタートを切ったと言えるかもしれません。

言葉を使いながら生きている人間は、体の中に言葉が入れば入るほど、感情が落ち着き、自分の考えを言葉で表現できるようになれば、暴力で訴えることはなくなるのだと理解できます。このエピソードから、言葉というものは、やはりその言葉が表す物と対応して理解するべきだということがわかります。

私は、生まれたばかりの長男が泣いているのを見たとき、これはヘレンが「WATER」を知る前の状態と似ているかも、と思いました。それで、言葉を星の数ほどたっぷり赤ちゃんに聞かせてあげるのが、親の使命だと決心したわけです。

サリバン先生がヘレンに言葉を教えたように、まだ目がよく見えない赤ちゃんの頃から、お母さんの声で、楽しく童謡を歌ってあげたり、たくさん話しかけたり、絵本を読んであげたりしていれば、自然に言葉が耳に残ると思ったのです。

言葉の貯金がないと人の言うことが理解できない

3歳までに絵本の読み聞かせなどで、言葉をどんどん体の中に入れてあげないと子どもは野性児に近くなってしまいます。言葉に慣れていないと、言葉が集まってできている文章はなおさら理解できませんから、人の話を落ち着いて聞けなかったり、静かにお座りしなくてはいけないときにできなかったり……という状態になります。

「ここで静かに座っていてね」と言ったとき、その言葉には深く重い意味があることを理解できる子に育てる必要があります。「なぜ静かにしていなければならないのか、なぜここに座っていなければならないのか、うるさくしたらどうなるのか、座らずに走り回ったらどうしてダメなのか、どのような場所のときには静かにすべきなのか、自分の行動でどのような迷惑を人にかけるのか」というような想像力と理解力、そしてどんな場面にも使える応用力を培わなければなりません。

まだまだ小さな子どもは、経験値が低いので難しい理屈では理解できません。ところがこれらの力は、絵本や童謡で養うことができます。絵本や童謡に出てくるキツネさんやクマさんの会話などから、自然と学習するのです。

子どもには「野性」と「理性」という対極のものがあり、足して10だとします。子どもに言葉を入れれば入れるほど「理性」の割合が増え、悪い意味での「野性」が減って、人間らしい人間になります。足して10なので、「理性」が7だと「野性」が3ですから、話も聞かずに暴れる割合が減ります。反対に「理性」が3で「野性」が7だと、すぐ感情的になりやすく自分の気持ちを抑えることができなくなります。この考え方は、私が子どもたちを育てながら感じたことで、子どもの行動を見ていると、「理性」が10で「野性」も10とはならないようでした。どちらかの割合が増えると、反対

のほうが少なくなる傾向にあります。「野性」の部分も大切ですが、**人間として思考するためには「理性」の割合を多くするのが、子育ての目指すべき方向**かと思います。

子どもが言葉のシャワーをたくさん浴びて、次第に言葉の貯金が増えていくと、それに比例して精神年齢が高くなっていきます。

また、言葉の貯金が少ないまま大人になると、さまざまなジャンルの本を読む能力に欠けることになり、本を読もうと考えることも少ないと思います。人は長く生きていると必ず悩み、どちらの方向に進んだらいいのかわからなくなることがあります。それは、一度や二度ではありません。どちらの方向が自分の人生で前向きなのか、皆目見当がつかなくなるときに、救いの手を差し伸べてくれるのが本なのです。

人生は人それぞれオリジナルですので、本の中に正しい答えが書いてあるわけではありません。でも、時代のまったく違う先人の考えが、生きるヒントを与えてくれることはよくあります。新しい本も古い本も、大いに参考になります。そのようなとき、本の内容を読み取る読解力が不可欠で、その読解力を育む基礎となるのが絵本と童謡だと思います。

2 「絵本」と「童謡」は最高の「言葉のシャワー」

浴びせる言葉は何でもいいわけではない

私が幼児教育において言葉のシャワーを浴びせたいと考えた意図は、おわかりいただけたかと思います。

言葉のシャワーを浴びせるとき、その言葉は何でもいいわけではありません。テレビだと、美しい日本語を話す方が出演する番組もありますが、大人のスラングのような言葉が飛び交う番組も多いのです。そのため、わが家では、長男が生まれる前に、テレビを子どもが生活する1階のリビングから2階へと移動させました。身近にあるとついつけたままにしてしまうし、テレビに子守をさせてしまいそうだからです。テレビはつけるのは簡単ですが、消すのはかなり勇気が必要です。何よりも、テレビがついている横で絵本を読んでも童謡を歌っても、子どもの注意を引くのはかなり無理がありますよね。

テレビは大きくなったらいずれ楽しむことができるので、今しかできない絵本と童謡にこだわったのです。やはり**赤ちゃんの耳には、きちんとした美しい日本語だけを聴かせたい**と思いましたから。絵本や童謡の力なしに、親が話しかけるだけでは限界があります。それで、プロの作家や作詞家による洗練された美しい日本語の助けを借りることにしました。

絵本＆童謡の日本語は美しい

絵本と童謡は、美しい日本語の宝庫と言えます。

童謡の歌詞は文語体のものもあり、格調高い言葉を使っているものが多いのです。方言が入っている歌もありますが、その方言も上品です。メロディーがあるため、耳

に残りやすく、子どもの心を打つのです。

私が歌いながら感心したのは、標準語のアクセントの通りの音階になっている童謡が多いことです。たとえば『りんごのひとりごと』。「私は真っ赤なりんごです」の「りんご」はアクセント通りの音階です。童謡は本当に正しい日本語を基礎に作っているので、言葉の流れには感動しますね。最近は、言葉のアクセントを無視した歌も多いだけに、童謡の歌詞に使われている日本語はわかりやすく聞き取りやすいので、とても美しく、耳に響きます。

また、絵本は、作家が子どもを大切に思って創作していることが伝わってきますし、人間を含む生きとし生けるものに対する考え方が平易な日本語で書かれているので、大人が読んでも面白い内容なのです。なんと言っても素晴らしい絵がありますから、絵だけを見ても十分楽しめるのです。**赤ちゃんの頃からでも字のない「赤ちゃん絵本」を眺めて楽しむこともできます。**

私の一押しの絵本は、平山和子さんが絵を描いた『**おにぎり**』です。この絵本の内容は、手のひらにご飯をのせて真ん中に梅干を入れて、海苔をまいておにぎりを握る様子を描いただけです。しかし、その絵が絶品なのです。

私は、この『おにぎり』で絵本にはまってしまったと言っても過言ではありません。写真では絶対に出せない味わいといいますか、素人の私ではなかなか適当な言葉が思い浮かびませんが、平山さんの絵のおにぎりと、写真で撮ったおにぎりを並べたら、子どもは間違いなく平山さんの絵のおにぎりを食べたいと言いますね。平山さんの絵のおにぎりは本当においしそうで、わが家の子どもたちに『おにぎり』を読むと、必ず、「おにぎり作って〜」と言っていました。

この絵のおにぎりの何がそんなに人を惹きつけるのか、私はまだ答えを出せていません。みなさんもぜひ、この絵本を手にとってみてください。絶対に、おにぎりが食べたくなります！

『おにぎり』（平山英三・ぶん／平山和子・え）福音館書店

POINT

小さい子にテレビはＮＧ。絵本と童謡で、美しい日本語を聞かせましょう。

3 国語が苦手な子は人生で損をする

なぜ奴隷に字を教えなかったのか

私は小学生のとき、「アメリカに奴隷制度があった時代、奴隷に字を教えなかった理由」を知りました。その理由とは、要するに、奴隷に字を教えると本を読むようになり、世の中のことを深く考えられる能力がついてしまうから、というものです。そうなると、奴隷制度の矛盾を理解して奴隷という自分の立場がおかしいことに気づき、ご主人様に反抗することになる。その反抗を防ぐために、あえて文字を教えなかったということでした。

現代の日本では、文字を全然知らないということはまずありませんが、大人でも長い説明書や契約書などを「ごちゃごちゃ書いてあって面倒くさい」と感じて、しっかりと読まずに印鑑を押してしまう人も少なくありません。相手はそれが狙いですから、面倒だと思わずに長い文章を読んで理解する読解力が大人になっても必要ですよね。

生きていくのに必要となる**〈大人の読解力〉を身につけるには、やはり幼い頃からたくさんの言葉や活字に触れること**が始まりだと思います。新聞を毎日読んで、本を楽しむことが日課になれば、自然と読解力がつき、多くのお母さん方の悩みである、〈国語の点数が取れない〉ことは解決します。〈読解力〉には、日本語の語句、熟語、ことわざ、四字熟語などの知識が不可欠ですが、そのことに加えて、人間の感情面を含めた一般常識が非常に重要なウエイトを占めます。

自分の年齢にふさわしい一般常識、欲を言えば、自分の年齢より少し上の一般常識を理解し、自分の精神年齢を上げること。そのことが、新しくなる大学入試制度に対応できる能力となります。

このように考えると、生まれて間もない頃から絵本を読み聞かせたり、親の声で童謡を歌ってあげたりすることが、いかに人間の、人生の土台になるかおわかりでしょう。

国語が苦手な子は全教科苦手

国語の読解力や語彙力は、全教科の基礎です。やはり、どの教科も日本語で質問されますから、問題文を素早く読み取ることが必須となります。となると、**十分な読解力が身についていなければ、他の教科もなかなか伸びない**ということです。

国語は母国語なので、何もしなくても点数が取れると勘違いしている人もいますが、結局のところ「国語が苦手。点が取れない」という子どもは少なくありません。国語は、0点を取る恐れはないけれど、いい点数も取れないというのがよくある悩みです。

最近は特に、全学年において読み取りの力が落ちてきています。子どもたちが活字を読まなくなったからでしょうか。もっとも大人ですら、活字文化からどんどん遠ざかっていますものね。大人が読まないのに子どもが読むはずはありません。

高校生も大学受験の勉強のとき、国語の点数がなかなか上がらないと言いながら、数学などと違って0点を取ることはまずないため、他の科目の勉強を優先してしまいがちなのです。そのため、国語の勉強をする時間がなくなり、最後まで国語の点数は納得のいくものにはならなかったという話はよく聞きます。

しかし今後、入試改革によって、国語の文章問題は長くなり、素早く読んで正確に内容を把握する必要に迫られています。長い文章を読みながら、その内容をすぐに頭の中でイメージ化して、それについて自分の意見を言えることが要求されます。文章の行間を読むということは、ＡＩにはできませんから、今までより高度な読解力がこれからは必要な時代になってくるでしょう。

就職活動のときには、エントリーシートに文章を書かなくてはなりません。また、現代のビジネスは電話よりメールが主流になっていますから、社会人になってからもきちんとした文章が書けることが重要視されています。

大学受験が近づいてきても慌てなくてもいいように、子どもが3歳になるまでにたくさんの絵本を読んであげて、国語力の基礎を身につけさせてほしいですね。

POINT

読解力＝世の中のことを深く考えられる能力。ＡＩ時代に、最も求められる力です。

4 国語力の基礎は絵本と童謡で習得できる

書いてあることをイメージできる子は国語ができる

幼い頃から絵本に親しんでいると、小学校に上がったときに、教科書に対する抵抗感がなくなります。これは、読み聞かせの利点です。今の小学校の教科書は、かなり難しいので、活字に抵抗感がないのは大事です。はじめは、読んでいきながら出てくる内容を頭の中で映像化する癖をつけるといいですね。難しい内容だとなかなかイメージできませんが、まず絵本で練習してみませんか。

絵本には絵があるので、子どもはストーリーを映像化しやすいのです。映像化できるようになれば、お母さんが絵本を読んであげているときにも、子どもの頭の中でブタさんやオオカミさんたちが動きます。**文章を読んだり、聞いたりしたときに、その様子をきちんとイメージできることが大事**なのです。

学校の国語で点数を取るには、テクニックではなく、書かれていることがイメージできるかどうかが勝負となります。たとえば、「今日は残念ながら晴れていないから、太郎くんは公園に行きませんでした」という文章を見たときに、「太郎くんは公園が好きで、晴れていたら公園に行ったのだな」ということまで読み取れるかどうかです。このように深読みできるようにするには、やっぱり3歳までにたくさんの日本語を聞いておくことが大事です。

このイメージトレーニングには、やはり、絵本と童謡を使うのが最適だと思います。絵で構成されている絵本やメロディーがついている童謡は、頭に入りやすく映像化しやすいので、お子さんが幼いときから、絵本や童謡で映像化する練習をしてほしいですね。

将来の入試にも役立つ

2021年1月から、大学入学共通テストが始まります。それに先立ち、2017年と2018年の計2回、試行調査（プレテスト）が行われました。その結果を見ると、すべての教科の問題文が長くなり、答えを出すための計算をするまでに行き着かなかった、とにかく問題文が長くて時間が圧倒的に足りなかったとの感想が多かったとのことでした。

小学生については、**「受け身」がわからない子どもが多い**そうです。「太郎くんが花子さんを叩いた」なら、叩いたのは太郎くんだとすぐにわかりますが、「太郎くんから花子さんが叩かれた」となると、どちらが叩かれて痛い目にあったのか、すぐにわからない子どもが増えているそうです。受け身の言い回しに慣れていないため、すぐに頭の中で映像化できないのですね。このような文章は、字面だけを追ってとりあえず読むことに終始して、結局は内容が把握できないのです。

でも、絵本を読んでいると「〇〇されました」という受け身の文章がたくさん出てくるのに気がつきます。「キツネさんが、クマさんから叩かれました」という文章が書かれているページには、必ずクマさんがキツネさんを叩いている様子やキツネさんが痛がっている様子が描かれます。

絵本に親しんでいると、文章の内容が絵になっていますので、自然に文章の内容が目に入り、楽に受け身の表現が身につくというわけです。物事は、文字だけより、絵があったほうが理解しやすいですよね。

このように、小さな頃から文章を頭の中で映像化できるようにしておくと、中学生、高校生になってからも長文問題に取り組みやすくなります。そうすれば、大学入学共通テストにも対応できるようになるでしょう。

文章を映像化するイメージトレーニングを。難しい日本語表現も絵本と童謡で学べます。

5 童謡を聴かせることで音楽以外の教科の点数も上がる！

わが家では、4人の子どもたち全員に、「3歳までに1万曲」を実践し、親子で童謡を楽しみました。その童謡は、子どもたちが大きくなったときに、勉強にも役立ちました。具体的には、各教科にどのように役立ったのか、まとめてみました。

国語

『夏は来ぬ』の「来ぬ」の「来《き》」はカ行変格活用動詞の「来《く》」の連用形で、「ぬ」は完了の助動詞「ぬ」の終止形です。子どもの頃に「夏が来た」という意味だと教えておくと、古文で習うときに理解しやすいです。中学の英語で現在完了形を学ぶときにも、「小さい頃歌ったよね」と言って、その概念を教えました。
また、『待ちぼうけ』は、中国の「韓非子五蠹篇《ごとへん》」の中にある説話を歌ったもので、漢文に出ることもあります。『夏は来ぬ』も『待ちぼうけ』も音楽の教科書から今は消えてしまって、本当に残念です。

社会

現在ではほとんど見かけない汽車を歌った『汽車』や『汽車ポッポ』、鍛冶屋を歌った『村の鍛冶屋』、りんごを詰める箱が歌詞に出てくる『りんごのひとりごと』などは、日本の昔の光景が歌われています。このような童謡は、経験値が少ない子どもたちが昔のことを知る絶好の機会になります。

また、『茶摘』は歌いながら絵を見せていたので、社会でお茶の産地を習ったときに、茶畑をイメージできたそうです。

高校生になって、中国王朝の名前を覚えるときに役立ったのが、『アルプス一万尺』の替え歌です。インターネットで検索すれば出てきますが、軽快なメロディーに乗せて中国の王朝名が順番に出てきます。４人の子ども全員が、子どもの頃に歌った懐かしい童謡の替え歌で覚えました。

理科

童謡は、春夏秋冬、自然、植物、動物、虫などを歌ったものが多いため、特に理科の勉強に役立ちます。童謡に出てくる動物や植物を、動物園や植物園で実際に見せるようにしました。『虫のこえ』には、マツムシ、スズムシ、コオロギ、クツワムシ、ウマオイの声が歌われています。

小学校のとき、理科のテストで虫の声について出題されると、わが家の子どもたちは４人とも、心の中で「あれマツムシが～」と歌いながら問題を解いたそうです。

1万曲の童謡で、子どもの経験値をアップ！　理科や社会の勉強にも役立ちます。

実生活と童謡をリンクさせて楽しむ

わが家の玄関を入ってすぐの柱には、『背くらべ』を歌いながら、子どもたちが背を比べた傷が刻まれています。「柱のき〜ずはおととしの〜」と歌いながらみんなで背比べをしました。名前と印と日付を書いていますので、いつ頃どのくらいの背の高さだったのかわかって、面白いです。今見ると、こんなに小さかったんだと胸がいっぱいになります。子どもの日には、鯉のぼりを庭に揚げるのですが、わが家の周りは住宅街なので、そんなに高いポールを立てるわけにはいかず、周りのご迷惑にならない程度の高さに揚げます。それが、2階の屋根より少し低いのです。それで、鯉のぼりを揚げたときには、子どもたちは必ず「『こいのぼり』の歌詞と違って、わが家の鯉のぼりは『屋根よりひ〜く〜い』だよね」と、みんなで大笑いしたものです。また、私の母が庭にチューリップの球根を植えてくれるときには、子どもたちにも

手伝わせて、『チューリップ』の「な〜らんだ、な〜らんだ、赤、白、黄色〜」の歌詞のとおり、赤、白、黄色の順に植えていました。このように、童謡は生活のいろんな場面に溶け込んでいて、わが家のコミュニケーションツールでしたね。

紅葉の名所である、奈良県の正暦寺《しょうりゃくじ》で、『まっかな秋』の二番に出てくるカラスウリを見つけたときには、すぐに子どもたちに教えました。「これがあのカラスウリか〜!」と感動していましたね。本物のカラスウリの赤いこと! 実物は、感動するほど真っ赤でした。

帰りに寄った駐車場に、赤や黄色の紅葉した葉っぱがたくさん落ちていたので、お寺の方とお話ししていたら、持って帰っていいことに。子どもたちとビニール袋5〜6袋に葉っぱをギュウギュウに詰めて、車に乗せて持って帰りました。

帰宅後、わが家の庭にパーッと全部まいたら、一面に赤や黄色の葉っぱが敷き詰められて、それはそれはきれいでした。子どもたちは大喜びでしたね。いい思い出になったと思います。

6 童謡と絵本で人の気持ちを学ばせ、感情を育む

複雑な感情は後づけできない

子どもが将来、幸せに生きていくためにまず大切なのは、他人の気持ちがわかる人間に育てることです。「うれしい」「悲しい」など、喜怒哀楽の人間の原始的な感情は3歳までに身につけさせてあげましょう。

原始的な感情が身についていれば、もう少し複雑に絡み合った感情は比較的楽に後づけできます。しかし、**原始的な感情は大きくなってからでは育ちません。**かなり口で説明を加えないと理解できず、後づけは難しいのです。

心から湧き出る喜びの感情や、悲しみの感情などを自然に感じさせて、その感情を育ててあげるのは、やはり3歳までが最適だと思います。なぜなら、子どもの心は非常に純粋で、何のてらいもなく楽しいものには大きく口を開けて遠慮なく笑うし、悲しいときは周りに斟酌なく大きな声を出して泣けるからです。大きくなると、そうはいきません。

子どもが中学生、高校生になって、テストで登場人物の複雑な心情をうまく読み取れないときに、親が幼い子どもに話しかけるように、「こう言われると悲しいよね」「口ではこう言っているけど、本心じゃないよね」などと言っても、たぶん聞いてくれないでしょう。

中学生、高校生になってから、人の複雑な感情を読み取らせようと思うと、なかなか説明が大変になります。子どもたちにとっても、心から理解するというわけにはいかないかもしれません。

絵本&童謡が子どもの優しい気持ちを育てる

そういう意味では、できるだけたくさんの童謡を歌い、絵本を読んであげると、子どもはいろいろな感情を知ることができ、感情的に豊かになれます。

親が感情について説明しても子どもはピンと来ませんが、親が読んでくれる絵本の登場人物のさまざまな感情に触れることによって、子どもはその気持ちを感じ取るようになります。

絵本のお話は、人間のよい部分を言葉で紡いでいるので、人を思いやる優しい気持ちがいたるところに出てきます。たとえ、意地悪なキツネや、喧嘩している子どもが出てきても、最後にはみんなが仲よくなります。そんなほのぼのとした幸せな気持ちを幼い頃から味わわせてあげたいですね。

人間の感情は本当に複雑です。たとえば、「太郎くんと花子さんが喧嘩した」というときに、絵本に「太郎くんは争いたくなかったのに、思わず花子さんにひどいことを言ってしまい、喧嘩になりました」と書かれていると、子どもは「喧嘩といっても、いろいろあるんだなぁ」と感じるでしょう。

絵本では、登場人物の感情の変化も丁寧に描写していますので、友だちや先生の心の流れや機微などを自然に読み取れるようになります。また、**絵本の中には、「ありがとう」とか「ごめんね」などの言葉が出てくるので、人のことを思いやる優しい気持ちも育つ**と思います。

絵本や童謡は、内容がシンプルなのでお母さんが詳細に説明しなくても、子どもが自ら感じ取ることができます。日本語の基礎や、人間の基本的な感情、行間を読むこと、人間の感情の機微を知るといったことを、3歳までにしっかりと身につけさせてほしいですね。自分以外の人間の感情を慮《おもんぱか》り、相手の立場にも思いを巡らすことは、大人の世界では重要なスキルになります。

POINT

幼児期は原始的な感情を大切に。将来、周囲の人の気持ちを汲み取れるようになります。

7 絵本と童謡で人生の基盤を育む

日本人としてのアイデンティティーを身につける

『桃太郎』、『金太郎』、『浦島太郎』、『かぐや姫』など日本独自の昔話は、日本人なら誰でも知っているでしょう。このような昔話は日本人としてのアイデンティティーとなります。日本人の思考の原点にもなりますので、知らないではすまされません。

それぞれの国にはその国の昔話があります。親が子どもにその話を読み聞かせたり、子ども自身がそれらの本を読んだりすることによって、自国への帰属意識が自然に芽生えます。まず、自国のことをよく理解してから、はじめて他の国への思いが生まれ

ます。それが、グローバリゼーションにつながると思います。**自分の根っこの部分がはっきりとしていることは、子どもが幸せに生きていくために必要なのです。**

善悪や人としての行動を学ばせる

『かぐや姫』のモデルである『竹取物語』は、平安時代初期の作品だと言われていて、今から千数百年も昔の話ですが、長い間、語り継がれています。昔話は、桃から生まれたり、竹から生まれたりなどと、ありえないことが書かれていて、突っ込みどころ満載ですが、子ども心に「こんなことはしてはいけない」とか、「こういうことをすればいいんだ」などと学ぶこともたくさんあります。

親が昔話をすべて自分の口で語るとなると、なかなか難しいですよね。ですから、日本独自の昔話の絵本もぜひ読んであげてください。また、長年にわたって歌い継がれている日本の童謡も、歌ってあげてほしいですね。

ただ、「これはいい」「これはよくない」と親が分けるのは3歳までにして、あとは子どもに任せてほしいと思います。親が大事だと思うことを3歳までにきちんと教えておけば、それを土台にして、子ども自身が決めることができます。子どもそれぞれに個性、気持ち、考えなどがありますし、時代が変わり、基準なども変わって、親がいいと思うものが必ずしもいいとは限りません。

もう少し大きくなって、小学校の教科書でものの善悪を親が教えようとすると、親の考えが入り過ぎて子どもの心に響かなくなります。「この文章はこうだけど、お母さんはこう思うな」「こんなことしちゃダメ」というような親独自の説明が入ってしまい偏った思考になる恐れが出てきます。そうすると子どもの自由な考え方の邪魔をすることになりますから要注意です。

POINT

善悪の区別をつけさせるのは、幼少期のうちに。日本の昔話から学びましょう。

8 絵本と童謡なら0歳からできる!

絵本&童謡なら、誰でも育児参加できる

絵本と童謡の素晴らしいところは、お母さんもお父さんも、おばあちゃんもおじいちゃんも気軽に参加できることです。特別な才能は必要ありません。俳優のような朗読技術はいらないし、歌手のようないい声でなくても大丈夫です。必要なのはただ1つ。目の前にいるわが子や孫が可愛くて仕方ないと思う気持ちだけあればOKです!

絵本を読むときに、方言のアクセントになっても大丈夫。童謡を歌うときに、少し音程が外れてもご愛嬌。お子さんの目を見て、読んで、歌ってください。忙しいときは、

洗濯物を干しながら歌っても大丈夫。歌声はちゃんと、子どもの耳に入っていますよ。

0歳から感性を刺激して

生まれたばかりの赤ちゃんは、まだよく目が見えなくても耳は聞こえているそうです。字を読ませたり、鉛筆を握らせたりするのはもう少し大きくなってからでなければ無理ですが、絵本と童謡による幼児教育は0歳から可能です。この期間を逃すのは、はっきり言ってもったいないと思います。

「童謡はわかるけど、絵本はまだ早いんじゃないか」と思われる方もいるかもしれませんが、0歳児用の絵本もありますし、基本的には**親が楽しく読んでいる声を聞かせるだけで十分**なのです。絵がメインで文字はかなり少ない本でもいいし、字が多くてもお母さんが楽しめたら大丈夫。たとえば五味太郎さんの絵本では、小さくて可愛い蒸気機関車が走る『ぽぽぽぽぽ』、飛行機が空を飛ぶ『るるるるる』などで、ひらがなを重ねた言葉遊びと乗り物の絵を楽しめます。『るるるるる』には、「る」と「れ」しか出てきません。絵本は短い文学であり、アートでもあります。

谷川俊太郎さんの『もこ　もこもこ』も、地面から「もこ」と丸いものが出て、「もこもこ」、「もこもこもこ」とだんだん大きくなります。他に「にょき」「ぱく」「もぐもぐ」「ぱちん！」などの言葉が出てきて、色彩もきれいなので、子どもたちに大ウケでした。この絵本は大人でも何だか不思議な気持ちになって、十分楽しめます。でも、3歳ぐらいまでの子どもの喜び方は想像以上です。子どもの表情を見ていると、こんなに素直に喜び、笑い、感動できるのかと羨ましくなるくらいでした。

これらの絵本は0歳から楽しめて、子どもの感性が刺激されます。お母さんが絵本を読むときにも、言葉が歌の歌詞のように言いやすく、楽に読めますからぜひ、赤ちゃんのときから読んであげてほしいです。幼稚園や保育園でも、先生が絵本を読んでくれると思いますが、幼い子どもにとっての特等席は、大好きなお母さんの膝の上です。座れる時期は限られていますから、ぜひ膝の上に乗せて読んであげましょう。

『ぽぽぽぽぽ』（五味太郎）偕成社

『もこ　もこもこ』（谷川俊太郎・著／元永定正・イラスト）文研出版

始める時期は早ければ早いほどいい

絵本と童謡はかなり手軽にできる幼児教育です。気楽に始められて得られるものが多いので、まさに子育ての最初の3年にもってこいのメソッドです。

ただし、これほど効果的なメソッドですが、「旬」の時期があります。子どもがかなり大きくなってしまったら、残念ながら「絵本を読んで」とは言いません。子育てでは、大きくなってからでも効果があるものもありますが、大きくなってしまった子どもに絵本を読んだり童謡を歌ったりしても喜んではもらえません。

となると、3歳までに読んだり歌ったりしたたくさんの童謡、絵本の絶大なる効果は見逃せないということです。お母さんやお父さんの声をひたすら聞かせてあげてください。

具体的なやり方は、次の章から紹介します。

9 お母さんにとっても心の安定剤になる絵本や童謡

新米ママに特におすすめの理由

はじめての子どものときは、母親も父親も初心者なので、赤ちゃんにどのように接したらいいのか戸惑うことが多いものです。

私も長男のときは、1日の過ごし方がわからずに、生後半年くらいまでは毎日右往左往していて、夜寝るときには今日は私と子どもにとって、いい過ごし方をできたのかなと、迷い、不安、後悔、反省のような気持ちが頭の中をぐるぐる回っていることがありました。

でも、童謡を歌い、絵本を読むようになって、食べて寝てお風呂に入ってという日常生活レベルだけではなくて、**1日をちょっと前向きに過ごせたと感じられるようになりました。**夜寝るときに、今日も1日、絵本と童謡のノルマは果たせたと思うと、何だか心安らかに寝られるようになりましたね。

子どもの世話が大変で、それを仕事と割り切っても、やはり大人として、前向きに生きたと思いたいのだな、と実感しました。

それに絵本はハッピーエンドが多いため、**育児と家事で疲れてイライラするお母さんの気持ちを落ち着かせてくれる、かなり便利なアイテム**だと思います。

絵本と童謡は親子の素敵な思い出に変わる

お母さんが疲れていて、外に遊びに連れていくのが大変なときに、家庭内で簡単にできることも、絵本や童謡のいいところ。雨が降っているときや疲れているときに、子どもたちが外に出たがったら、「絵本を読もうか」「ちょっと歌おうか」などと言って、引き止めていました（笑）。私1人で4人の子どもを公園に連れていくのは危なくて無理ですから、とりあえず絵本を読み、童謡を歌っていましたね。

童謡を歌ってあげて、絵本を読み聞かせていると、子どもたちは外に行きたかったことは忘れて絵本に見入っていました。私としては、外に出るのを回避できてヤレヤレと密かに思いながらも、「こうやって絵本をみんなに読んであげられるのもいつまでだろう。何十年かしたら、この光景は私にとって本当に幸せな時間だったと思い出すのだろうな」と思っていましたが、今まさにそういう感じになっています。

特に絵本の場合、母親にとって読み聞かせをする一番の醍醐味は、読んでいる最中の子どもの反応でしょうね。子どもの正直な気持ちが目や顔にそのまま出ているのは、限りなく可愛いのです。

子どもとの楽しい思い出になりますよ。

POINT

お母さんが疲れているときこそ、絵本と童謡の出番！ 子どもと一緒に楽しんで。

CHAPTER

2

3歳までに絵本&童謡を1万回読み聞かせる実践メソッド

何を選ぶ? どう読み聞かせる?

絵本

1

失敗しない絵本の選び方

「くもんのすいせん図書」はいい本揃い

私は美しい日本語を子どもに聞かせるため、3歳までに1万冊の絵本を読むことに目標を決めました。まずは、読む本を探しに子どもを主人に預けて書店に行きました。

書店に着いて書棚を見てビックリ！　ものすごい量の絵本がズラリと並んでいます。一体、どのような絵本をわが子に読めばいいのか、まったく見当がつかないのです。近くにあった絵本を何冊かパラパラとめくってはみたものの、私が子どもの頃の絵本と違い、いろいろな工夫がしてあり、どれも面白そうでした。結局迷いに迷って、適当に3冊買って帰りました。私の感覚や経験では手に負えないことがわかったので、参考にするものを探しました。

それが、公文式を展開している公文教育委員会が、おすすめの本を選定し、一覧表にした「**くもんのすいせん図書**」です。子どもの年齢に合わせて選びやすいように、難易度のレベルごとに50冊の推薦図書を紹介していました。私はとりあえず、この一覧表の一番易しいレベルの50冊から4段階目のレベルまでの絵本を全部で200冊購入しました。さすがに推薦されている絵本だけあって、いい本ばかりでした。

巻末に私の特におすすめの200冊も紹介していますので、参考にしてください。

定期刊行雑誌のおすすめ

その他のおすすめは福音館書店の月刊誌『こどものとも』です。ベテランからデビューしたばかりの作家まで、さまざまな作品が掲載されています。ハードカバーではないので、値段もかなりお手頃です。10カ月～2歳向けの『こどものとも0、1、2』、2～4歳向けの『こどものとも年少版』、4～5歳向けの『こどものとも年中向き』、

『くもんのすいせん図書』古今東西の優れた図書の中から、子どもたちに人気が高く、内容的にも優れている本から650冊を選りすぐったリスト。読みやすいものから深い内容の本へと5A～Iの13段階に分けられ、各段階ごとに50冊紹介している。乳・幼児向けは5A～2A。（https://www.kumon.ne.jp/dokusho/suisen/）

5～6歳向けの『こどものとも』が出版されていて、毎月新作の物語が出るので、親子ともに楽しみにしていました。

また、3～5歳向けの『ちいさなかがくのとも』、5～6歳向けの『かがくのとも』も定期購読していました。毎月、書店から本が届いたとの連絡をもらったら、4人の子どもを車に乗せて、みんなでワクワクしながら受け取りに行ったものです。

「作家買い」も効果的

子どもたちのお気に入りの絵本作家が見つかったら、その作家の絵本にこだわって選ぶ方法もあります。シリーズものを読んで子どもが喜べば、そのシリーズを全部読んでみるのもすごく楽しいですよ。

わが家では『ノンタン』『11ぴきのねこ』『こまったさん』『ねむいねむいねずみ』『かいぞくポケット』などのシリーズを読みました。読んであげるときは、シリーズでまとめて読むとすぐに飽きてしまうので、いろいろなシリーズの中から1冊ずつ選ぶとよいでしょう。ジャンルは多岐にわたったほうがいいと思います。

『こどものとも』福音館書店

『かがくのとも』福音館書店

女の子は誰でも王子様を待っている

わが家では、息子たちはお化けの話が好きでしたが、娘は大嫌いで怖がっていました。お化けの話を読んでいる間は、隣の部屋に行って「お話がすんだらおしえて～」と言っていましたから、よほど苦手だったのでしょう。息子たちは、身を乗り出して聞いていたので、その様子は面白かったです。

息子たちは『シンデレラ』『眠れる森の美女』『白雪姫』などのお姫様ものが大嫌い。とりあえず名作だから読みましたが、途中で必ずいなくなっていました。もちろんその後のリクエストは一切ありません。

息子たちの反応を思い出しながらおそるおそる、お姫様ものの絵本を娘にも読んでみました。すると娘は目を輝かせて、王子様が出てくる場面を「もう1回！」と何度もリクエスト。私は、息子たちの反応とのあまりの違いにびっくり。やっぱり、女の子って王子様が好きなんですね～。

『ノンタン（ノンタンぶらんこのせて）』（キヨノサチコ）偕成社

私が大学生のとき、アメリカのロサンゼルスにあるディズニーランドに行ったときのことです。夜のパレードでシンデレラの一団が近づいてきて、カボチャの馬車に乗った王子様とシンデレラや動物たちが見えてきました。なんと王子様は、手にガラスの靴を持っていて、片手に乗せて私のほうに差し出すではありませんか！　私は、「それは、私の靴です！」と思わず日本語で言っていました。

私の周りの女の子たちはみんな、自分の靴だと思ったと言っていましたね。「二十歳を過ぎているのに、本当に私たちって王子様が好きなのね」と、みんなで大笑いした思い出があります。だから、娘の思いが「わかるわ〜」と手に取るようで、あのときは微笑ましくなりました。

お気に入りの絵本には、子どもははじける笑顔

長男に読み聞かせをしているうちに、次第に絵本選びのコツがわかってきました。

まず大切なことは、**親が読んで「楽しい」と感じる本を選ぶ**ことです。親が心から楽しんで読むと、子どもにもその楽しさが伝わり、読み聞かせが楽しい時間になります。やはり、読んでいる親の声や表情に気持ちが出るのでしょうね。

読んでいるときに子どもがケラケラと笑ったり、ニコニコと笑顔を見せたら、その絵本は大当たりです。まったく喜ばなくても、また大きくなったら気に入ったりしますから、子どもの反応はそんなに気にしなくても大丈夫。とにかく親が楽しんで、感動しながら読むことが一番大切なことなのです。

親が試行錯誤しながらいろいろな絵本を読み聞かせるうちに、わが子が好む傾向がわかります。きょうだいでも好みが全然違うのも、また不思議です。読み聞かせを通して、子どもの個性がつかめてきます。このときにわかった子どもの個性は、後々の子育てや勉強のやり方に応用できるのです。

「頭のよくなる絵本」は挫折の危険性が高い

絵本の中には、「算数ができるようになる絵本」「勉強ができるようになる絵本」といった類のものもありますが、多くの場合、それらの絵本は親にウケるだけです。実際に子どもに読んであげると、「全然喜ばなかった」「退屈でつまらなそうにしていた」という話はよく聞きます。もちろん、面白いものもありますが、**何かを教え込もうという大人の魂胆が透けて見えると、子どもは途端にいやになる**ようです。それは理屈ではなく、感性で判断しているような感じがしましたね。

お母さん方から「大学受験に役立つ絵本はどれですか？」と質問されることもありますが、乳幼児期には「将来、国語や算数の点数を取れるようにしたい」といったやましい気持ちは捨ててほしいと思います。純粋に目の前の絵本を親子で一緒に楽しむことだけを考えることで十分です。

POINT

親が楽しい絵本は、子どもにとっても楽しい。一緒にお気に入りを見つけましょう。

絵本 2

読み方：基本編——「正しく」読む

絵本の力を発揮させるための4つのルール

絵本を読むときに大切なのは、親も心から楽しんで読むということです。

絵本の文章は短いですが洗練されていて、楽しい話や感動する話も多いのです。親も童心に返って、子どもと一緒に純粋に楽しんでみましょう。

ここから、私が考える「正しい絵本の読み方」を紹介します。

ルール①表紙を見せ、タイトルも読む

いきなり本文を読み始めるのではなく、まず、表紙を見せて、タイトルをゆっくり読んでください。表紙の絵を見ることで、子どもはこれから始まる物語をイメージすることができ、想像を膨らませながらワクワクします。

ルール②絵本作家の文章を大切にする

作者の創作意図を尊重し、書かれていることを正確に読むことが大切です。なかには、勝手にアレンジして読んだり、途中で噛み砕いて説明を加えたり、結末を変えたりする人もいますが、それは基本的にはＮＧです。

途中で子どもから何か聞かれたときに答えるのはいいと思いますが、絵本作家が命がけで創った世界をこわさないよう、余計な説明はしないでください。

ルール③ときどきは指でさしながら読むと、絵を楽しめる

内容の説明は不要ですが、文を読んでいるときに、それに関連した絵を指でさすのはいいと思います。

特に注意してほしい絵の部分を指でさすと、子どもは見落とすことなく、楽しめます。

ルール④絵本に出てくるひらがなを無理に覚えさせない

子どもが自然に文字を覚えるのならいいのですが、字や理屈などを無理に覚えさせようとすると、子どもは楽しめなくなります。

文字はまた別の機会に、プリントなどを使って覚えさせましょう。絵本はひたすら楽しさを追求してください。

POINT

作品の世界を大切に、正しく読むのが基本！ アレンジや説明は不要です。

絵本

3 読み方：応用編 ──「楽しく」読む

絵本に夢中にさせる6つのルール

絵本を読むときには、いつも子どもが笑顔になるよう、子どもに「ウケる」ことを考えてください。

子どもにウケて、子どもが絵本を好きになるような読み方のコツを紹介します。

ルール①読む速さを変え、緩急をつける

最初から最後まで同じ速度で読んでも絶対にウケません。基本は「大きな声でゆっ

くり」ですが、少し早口で読んでスリルを演出したり、さらにゆっくり読んで子どもの期待感を高めたりと、工夫して速さを変えてください。子どもの顔を見ながら、変えるといいですね。

はじめて読む本はぶっつけ本番でかまいません。何度か読んでいるうちに、初見の本も上手に読めるようになりますよ。絵本には韻を踏んだ言葉も多いですから、できれば韻の部分を意識して、リズムに乗って読みましょう。

ルール②間を大事にする

絵本も落語と同じで、間が大事です。新たな登場人物が出てくる前、物語の場面が変わるとき、オチの前などではしっかりと間をとりましょう。句読点も意識してください。

たとえば『桃太郎』を読むとき、「キジを家来にしました」といった後に少し間をとると、子どもは「桃太郎は、仲間ができてうれしいね」「桃太郎は、キジのことをあまり役に立ちそうにないけど、友だちになれそう、と思ったのかな」など、その間に登場人物の気持ちを想像し、感情が育ちます。

ルール③場面や人物に応じて、声色を変える

楽しい場面は楽しく、悲しい場面では悲しそうに読みましょう。登場人物全員の声色を変えるのは難しいかもしれませんが、悪役のときには低い怖そうな声で読むなど、読み手も楽しみながら、声を変えてみてください。

ルール④擬態語や擬音語の読み方を工夫する

絵本には、擬態語や擬音語がたくさん出てきます。「ドッカーン」「ピカピカ」「ポロリ」など、その言葉が持つイメージに合わせて読んでみてください。擬音語や擬態語の部分を突然大きな声で読むのもいいですね。

動物の鳴き声などは、その動物になりきって鳴いてみてください。子どもは、動物の鳴き声が大好きなのです。

ルール⑤ページのめくり方も緩急をつける

「このあと、どうなるんだろう?」と子どもが思うようなシーンのときには、ゆっくりとめくったり、お化けが出てくるときにはパッと急いでめくったりして、めくるス

ピードも工夫してください。

絵本の読み聞かせは、単に文字を読むだけではなく、ページをめくるスピードなどの演出にも気を配りましょう。

ルール⑥目の前に子どもを座らせて読まなくてもいい

とりあえず10冊と決めたら、お母さんは子どもに声が届くくらいの距離で普通に読んだらいいと思います。幼稚園や保育園の先生が読むときのように、目の前にきちんと座らせる必要はありません。

お母さんはノルマを決めたら、とりあえずその冊数をクリアすることを目標にすると、毎日読むのが面倒にはなりません。子どもがこちらを見ていなくて、おもちゃで遊んでいても大丈夫。お母さんの声は、聞こえていますよ。

演出に気を配ると、より楽しい時間に！　リズムや間、声色にも変化をつけて。

絵本を通して伝わったお母さんの気持ち

絵本で特に思い出に残っているのは、お化けが出てくるファンタジー『めっきらもっきらどおんどん』と戦時中の上野動物園のゾウの話である『そして、トンキーもしんだ』でしょうか。

息子たちが5歳、4歳、2歳のときに『そして、トンキーもしんだ』を読んでいたら、ゾウがかわいそうで、号泣してしまいました。

戦争中は、人間も食料がなくなったので、動物園の動物たちに食べさせるものなどありません。ゾウのトンキーは、いつも上手に芸をして、そのご褒美に食べ物をもらっていました。動物園にはもう餌がないので、トンキーにあげるものはありません。でも、お腹のすいたトンキーは一生懸命に飼育員さんの前で芸をします。飼育員さんは、もうどうしようもないので、芸を続けるトンキーを見ながら涙を流します。そして、とうとうトンキーは餓死し

『そして、トンキーもしんだ』（たなべまもる・著／かじあゆた・絵）国土社

てしまうという実話です。

　これを読みながら、私はトンキーの人間を信じ切って必死に芸をする姿を思い浮かべて、涙が止まらなくなったのです。いつもと違って絵本を読みながら号泣している母を見て、子どもたちは戸惑ったと思います。しかし、泣いている私をじっと見てはいけないと思ったのか、3人とも体がカチンと固まったまま、私のほうを決して見ないようにし、じっとひたすら絵本を見つめていました。子どもながらに私の気持ちを察してくれたのだと思います。茶化すこともありませんでした。

　母の気持ちを大事に思ってくれている様子がうかがえて、うれしかったですね。優しい子どもたちに育ってくれているのだなあと、思った出来事です。

紙芝居のススメと影絵の失敗

毎週日曜日に図書館に行っていたとき、本の代わりに紙芝居を借りていたことがあります。紙芝居は購入しなかったので、図書館で次々に借りました。本には本の楽しさがありますが、紙芝居ではまた、違う楽しさを味わうことができるのです。同じ物語でも、絵本と紙芝居とでは違った面白さがあります。紙芝居は絵を1枚ずつ読みますから、子どもにとってはちょっと映画のような、テレビのような感じがするのでしょうか。わが家の子どもたちは紙芝居が大好きでした。ときには、本とは形式の違う紙芝居がおすすめです。

あるとき私は、絵本の内容をもっと楽しめる方法はないかなと考えていました。そこで思いついたのが、「影絵」です。影絵の中では登場人物が動きますから、きっと子どもたちは大喜びするに違いないと考えて、影絵にチャレンジすることにしました。

まず、子どもたちがお昼寝をしている間に、登場人物のシルエットを画用紙に描き、それらを切り抜いて、セロハンテープで割りばしにとめ、登場人物の人形を作りました。子どもたちが起きたら「影絵をするよ」と声をかけて、集めました。障子を外して立てかけて、人形を手に持ち、蛍光灯を自分の横に置くと、障子の向こう側で、子どもたちが今か今かと待っていました。

私はセリフを言いながら、人形を右に左に動かして熱演していました。1人で何役もこなすので、大忙しです。つい熱中し過ぎて、私の手や体が障子に当たってしまい、障子が子どもたちのほうにどーっと倒れてしまいました。

おとなしく影絵を見ていた子どもたちは、大きな障子がいきなり倒れかかってきたので、血相をかえ、悲鳴をあげながら、まさに「蜘蛛の子を散らす」ように四方に逃げて行きました。相当な恐怖だったのでしょう。その様子を見た私は、「子どもって意外と逃げ足は速いんだ」と妙に感心したものです。

子どもたちはこの1回で懲りたのか「影絵をやって」とはそれ以来一度もいうことはありませんでした。母の影絵劇場は再演が叶わず、あえなく幕を閉じたのでした。

4 童謡の選び方

童謡は最強の幼児教育ツール

童謡の歌詞をじっくりと読んでみると、童謡は実は短い文学作品だということがわかります。歌い継がれてきた童謡や唱歌の歌詞には、美しい日本の光景や行事などが描かれています。その中には、今はもうなくなってしまった景色や行事も少なくありません。

現代は、温暖化によって日本の四季が変わろうとしています。童謡の多くは、まだ日本が温帯の穏やかな気候であった頃に生まれ育ちました。そのため、歌詞に出てくる言葉や歌の背景を、今の子どもたちに説明してあげてください。

日本の昔の小説などには、童謡に歌われているような景色や地方の行事などが出てきますから、小説を深く理解するにはそのような知識が必要です。**小さい頃から童謡を何気なく歌うだけで、語彙力がつくし、日本の伝統や文化などの生きた教養が身につきます。**後々、学校のテストや受験に役立つことも少なくありません。

わが家では、長男がお腹にいるときから、童謡のカセットテープを揃え始め、車で出かけるときには、いつも車内に童謡が流れていました。途中からCDになりましたが、長女が3歳になるまで、車内では童謡しか聴きませんでした。だから、子どもたちは曲の順番を覚えてしまい、次に流れる曲がわかっていました(笑)。

私は3歳までに1人につき1万回童謡を歌い聞かせることに決め、それを4人の子ども全員に実践しました。ここから、そのための曲の選び方、歌い方などを紹介していきます。

くもん出版の『CD付き童謡カード』は超便利

童謡を歌うといっても、私が正確に歌詞を覚えている曲はそれほど多くありません。せっかく子どもたちに歌ってあげるのに、やはり歌詞をきちんと歌わないと、作詞家が伝えたいことを伝えてあげられないなと思い、とにかく**歌詞を正確に歌うことを第一目標にしました。**そのために最初に購入したのは、くもん出版の『母と子のうたカード』（1集〜3集）と、別売りのカセットテープです。現在は『CD付き童謡カード』という名前になり、カセットテープではなく、CD付きになっているようです。

カードのおもて面には絵、裏面には歌詞が書かれています。おもて面に描かれている絵は、小さな子どもでも一瞬で認知できるよう、シンプルでわかりやすいものです。よく考えて作られていることが使っているうちに理解できますよ。大人はもう少し凝った絵のほうがいいのでは、と思うのですが、まだ幼い子どもにとっては、凝った絵は認識するときに邪魔になります。

CDに収録されている歌は、公文式の「日本語を大事にする」というコンセプトの

『CD付き童謡カード1集』（くもん出版）

童謡カードのおもて面

もと吹き込まれており、伴奏もシンプルで、歌詞の歌い方が素直でとても聞き取りやすいです。

また、小さな子どもが持ったり舐めたり投げたりしても危なくないように、カードの四隅の角を丸くカットしてあります。実によくできています。

外出するときは、カードを何枚かカバンに入れておくと、車の中でも子どもに見せることができるので、便利でした。軽くて小さいので持ち運びやすく、重宝しました。

また、このカードを使うことで「今日は何曲歌った」という回数も数えやすくなります。数え方については後ほど詳しくご紹介します。

参考用にプロのCDを買ってもいいが、歌うのはお母さんの仕事

童謡のカセットテープやCD以外にも、安田祥子さん・由紀さおりさん姉妹の童謡集や『日本の歌100選』などを購入しました。

一度、由紀さおりさんが歌う童謡を部屋で流してみましたが、歌声が素晴らし過ぎて、子どもたちはほとんど反応しませんでした。私はうっとりと聞いていたのですが、

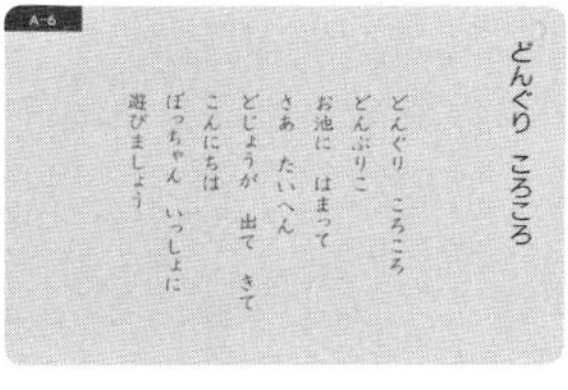
A-6
どんぐり　ころころ
どんぐり　ころころ
どんぶりこ
お池に　はまって
さあ　たいへん
どじょうが　出て　きて
こんにちは
ぼっちゃん　いっしょに
遊びましょう

童謡カードの裏面

子どもに絵を見せながら歌うことができる

あまりに素晴らしい歌声であるうえ、芸術的に歌っていますので、歌詞の部分が子どもには聞き取れないようでした。私としてはずっと聞いていたかったのですが、残念ながらいつも聴いている『母と子のうたカード』のカセットテープを流すことにしました。子どもにとっては、由紀さおりさんの童謡は別物に感じられたようです。

子どもはプロの素晴らしい歌声よりも、お腹にいるときからずっと聴いてきたお母さん、お父さんの声に限りなく親しみを感じています。「歌は得意じゃない」という方も、お子さんのためにぜひ、歌ってあげてくださいね。

101ページから「童謡の歌い方」をアドバイスしていますので、参考にしてください。

プロの歌より、お母さんが歌う歌！　たとえ不得意でも、たくさん歌ってあげて。

教科書から童謡が消えていく!

長男を妊娠中、私はその当時の小学校で使われている教科書を取り寄せました。当時はまだゆとり教育の真っ最中で、自分が小学生だった頃の教科書に比べて薄過ぎるのに驚きました。もっとも驚いたのは音楽の教科書を見たときです。掲載されている曲があまりに違っていたからです。最近のノリのいいポップな曲が掲載されていて、時代の流れなのかなとは思いましたが、私が馴染んだ童謡などがことごとく消えていたのです。

巻末におすすめの童謡130曲をリストにしましたが、その中でもあげた『村の鍛冶屋』『赤い靴』『村祭』『月の砂漠』などが教科書から消えてしまいました。全部私の大好きな童謡で、ずっと歌い続けられると思っていた曲ばかりでした。今の小学生は学校で習わないとなると、一生口ずさむことなんてないのだと思い、寂しくなりました。子どもたちには、新しい曲も楽しみつつ、歌い継がれてきた童謡にも触れてほしいと思いました。

消えてしまった理由はさまざまですが、たとえば『村の鍛冶屋』は、鍛冶屋が減ったという理由で教科書から消えてしまったようです。「しばしも休まずに槌打つ響～～仕事に精出す村の鍛冶屋」と、昔の日本の光景、仕事に打ち込む様子を歌った素晴らしい歌だと思うのです。手仕事の様子を間近に見ることがなくなった子どもたちに、せめてそのような手仕事の文化があったということは知らせておくべきではないでしょうか。学校で古き日本の美しい光景や文化を歌う歌を教えないのなら、私が教えなければと思いました。

私自身、子どものときに母からいろいろな童謡を歌ってもらいました。母は『からたちの花』が好きで、よく歌ってくれたので、今でもこの曲を聴くと、亡き母を思いだします。実家の庭にはからたちの木も植えていました。

やはり、祖父母が孫に、両親が子どもに童謡を歌ってあげて、その子どもが親になったときにわが子に歌ってあげる。そうやってずっと歌い継がれてきた童謡って、素晴らしいと思います。お子さんが生まれたら、歌い継がれてきた童謡をぜひ、歌ってあげてほしいですね。

童謡

5 童謡の歌い方

子どもに歌う前に練習して、正しく歌う

私や主人が童謡を歌うときに気をつけていたことなどを、エピソードを交えてお話ししたいと思います。まず童謡を歌うときに大切なのは、正しく歌うことです。

自分が正しく上手に歌える曲ならいいのですが、少しでも自信を持てない曲は、歌詞や音程、リズムを間違えて覚えていないか、CDで聴いて確認しましょう。

子どもたちが大好きだった『ちかてつ』という曲は、主人と私が子どもの頃にはなかったので、私はCDを聴いて覚えました。主人もCDを聴いて覚えようとしていま

したが、なかなか『ちかてつ』の音程をうまくとることができませんでした。何度歌っても、必ず同じところで微妙に音程がずれるのです。微妙にずれる音程って、聞いていてかなり気持ちが悪いですよね。

私がマンツーマンで鍛えましたが、どうしてもできないので、主人は『母と子のうたカード』の歌詞の部分に音程が上がる、下がるなどの独自の記号を書きこんで練習していました。ところが、それでも半音ずれたままでした。

子どもにはやはり、明らかに間違っている歌を聞かせるわけにはいかないので、主人が『ちかてつ』を歌うのは禁止にして、私だけが歌うことにしました。

情景を思い浮かべながら、思いを込めて歌う

歌詞に込められた日本語の美しさやその思いがうまく伝わるよう、思いを込めて、歌詞の中の言葉をはっきりと発音しながら、丁寧に歌うことを心がけましょう。子どもの心に歌詞の言葉と内容が響くように、わかりやすく歌ってくださいね。

童謡にはその短い曲の中に、長い物語が綴られています。明るく楽しい歌、もの悲

しい歌など、さまざまなメロディーや歌詞の童謡を聴くことによって、子どもの感情や感性が育ちます。

子どもたちが聴いていなくても、気にせずに歌う

童謡を歌うときは、絵本の読み聞かせのときと同様に、子どもを目の前に座らせなくても大丈夫です。**家の中だったら歌声が聴こえるから、何か仕事をしながら歌ってもいいですよね。**親がいつも子どものそばにいる必要はありません。お母さんが楽しそうに歌っていたら、子どもの目には歌っているニコニコ顔のお母さんが映っている、それが大事です。子育ての幸せな一場面ですね。

親の歌声をBGMにして子どもは好きなことをしていてもいいし、そばで一緒に歌ってもいいと思います。親が歌っているときには、子どもの自由にさせてください。たとえ、子どもたちがおもちゃに夢中になっていても、気にせずに楽しく歌ってください。ちゃんと聴こえていますから。

主人がよく歌っていたのが『荒城の月』。主人も私も大分県出身なのですが、県内

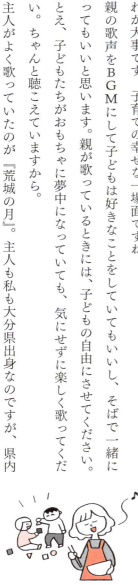

の竹田《たけた》市にある岡城がモデルになったこの歌のことはよく知っていて、主人は特にお気に入りでした。あるとき、この歌を朗々と歌い上げて周りを見回すと、子どもたちはおもちゃで遊んでいてまったく聞いている様子はありません。「ママ～。子どもたちが聴いてないんだけど」と嘆いていたので、「ちゃんと聞こえているよ。BGMになっているから大丈夫！」と言いました。

それからは、子どもたちが目の前で聞いていてもいなくても、気にせずに歌うことに慣れてきて、自分の歌いたいときに歌っていました。

歌の背景、歌に出てくる言葉などを説明し、歌にまつわるエピソードを話す

童謡の中には、普段使わないような言葉も出てくるので、それらについて説明してあげましょう。子どもの語彙が増えるし、日本の伝統や文化などを知ることができます。

主人は『故郷《ふるさと》』を歌う前にはいつも、「お父さんが子どもの頃、『兎追いし』を、ウサギがおいしいんだと思っていた」と話していました。自分が子どもの頃の笑い話を

すると、子どもとの会話も弾みます。

パパの替え歌自爆事件

童謡はお母さんを歌ったものが多く、「お父さんを歌った曲は?」と聞かれても、すぐには思いつきません。主人は、よく童謡を歌っていましたが、どうやら、お父さんの歌が少ないのが気になっていたらしく『おかあさん』を歌うときには、「童謡はお母さんの歌ばっかりだね」とブツブツ言っていました。

そこで、『おかあさん』を歌うときには、2番の歌詞の「おかあさんってい〜いにおい」のところを「おとうさんってい〜いおとこ」と勝手に替え歌にして、楽しそうに歌っていました。

そこまではよかったのですが、ちょうど私の母が来ていたときのことです。主人が「い〜いおとこ」と気持ちよく替え歌を歌ったあとに、よせばいいのに「お母さん、お母さんはいつも『ヨン様がかっこいい』って言っていますが、目の前にいい男がいるじゃないですか」と軽口を叩きました。

　主人はほんの冗談で言ったつもりだったらしいのですが、なんと言っても世は凄まじい《ヨン様ブーム》。主人は、筋金入りのヨン様ファンの母の地雷を踏んでしまったのです。母は普段、穏やかな性格でしたが、「あなたね、ヨン様と比べるなんて非常識でしょ！」と結構、本気で怒っていました。思いがけず母から叱られた主人は、予想外の展開に呆然としていましたが、私と子どもたちはその姿を見て大笑い。これも忘れられない思い出です。

歌詞や音程は必ず正しく。歌にまつわるエピソードや、言葉の意味も伝えましょう。

1万回

6 なぜ私は3歳までに絵本と童謡を1万回読み聞かせようと思ったのか

「童謡1万回」は誤解の産物?

ここまで、絵本や童謡を読み聞かせることをおすすめしてきました。そしてその回数も、できるだけ多いに越したことはありません。

私は、3歳までにそれぞれ「1万回」子どもたちに読み聞かせることを決意し、実行しました。なぜ1万回なのか、どうやって達成したのか、そのことについてお話ししましょう。

私は自分の子どもを、いつか早期教育のために幼児教室に通わせたいと思っていましたので、長男が生後6カ月の頃、とりあえず公文式の教室に見学に行きました。そのとき、教室に掲示されている「**うた200、読み聞かせ1万、賢い子**」と書かれた紙を見て、公文式のスローガンをはじめて知り、「3歳までに童謡を200曲歌い、絵本を1万冊読み聞かせ、子どもとコミュニケーションをとると、言葉の能力と感性が育ち、賢い子になる」という説明を受けました。

童謡も絵本も元々大事だと思っていたこともあって、「なるほど、1万か」と納得し、目標を数字で具体的にするのは、いいアイデアだと思いました。早速、家に帰って実行しようと思いましたね。

実は、そのスローガンには「うた200」とあったのですが、読み聞かせの「1万」という数字のほうに先に目が行ったので、童謡も1万曲だと思いこんでしまいました。

それで私は「3歳までに、うた1万曲、読み聞かせ1万冊」を、4人の子どもたち全員に実践することにしたのです。数年後に、何気なく教室に貼ってある紙を見て「うたは200」と書いてあるのに気がつき、自分の間違いを知りましたが、もう1万曲を目指していたので、「まあ、いいや。多過ぎるのは、問題はないだろう」と気楽に考えることにしました。

3歳の誕生日前日に目標達成！

1万冊、1万曲というととてつもない数字に思えますが、**3年間でと考えると1日10冊、1日10曲で達成できる数字なのです。**それで、毎日のノルマを10冊と10曲にして、カレンダーに書き込み、累計の数字を毎日書くことにしました。

そのような毎日を重ねて、1万冊を達成したのは、長男の3歳の誕生日の前日でした。記念すべき1万1冊目の本を読むのは主人に譲ることにし、読んでもらいました。

人間の頭の中は、バスタブにたとえられることがあります。どうやら、知識というのはそのバスタブにポトンポトンと水滴を落とすようなものらしいのです。はじめは、空っぽのバスタブですから、1滴ずつ入れても水がたまったかはわかりません。

でも、1滴ずつ辛抱強く倦《う》まず弛《たゆ》まず入れていったら、ある日バスタブの縁まで水がたまっているのです。そして、表面張力で盛り上がっている水面に次の1滴がポトリと落ちた途端、表面張力が壊れて一気に水が溢れ出る、ということです。

その、溢れさせる最後の1滴が、絵本の1万1冊目であり、童謡の1万1曲目なのです。この話は、主人には何度も話していたので、主人は1万1冊目を読むことをものすごく楽しみにしていました。私は、バスタブの話はたとえ話として捉えていたのですが、主人は、1万1冊目で劇的な変化が現れると本気で思っていたようです。しかし、1万1冊目を読み終わった後にも普通どおりの長男を見て「ママ〜。読む前と何にも変わらないよ」と不思議そうな顔で言ったことを思い出します。

もちろん、1万回を境にガラッと何かが目に見えて変わるわけではありません。ですが、**絵本と童謡の1万回は、子どもたちの言葉や感性などを育てる基礎になったと確信しています。**人間を賢くするのは、ちょっとやそっとのことでは、できない。やはり驚くような回数を重ねてやっとほんの少し進歩するのだと身にしみた〈1万〉という数字でした。その考え方は、後々の受験勉強につながる基本的姿勢になりました。

POINT

人は簡単には賢くなれません。驚異的な数字を達成して、やっと少し進歩できます。

1万回

7 1万回を達成する方法（テクニック）

1日10曲、10冊でクリアできる

3歳までに絵本を1万回読み、童謡を1万回聞かせるのは簡単なことではありません。無計画にやっていては達成できません。しかし、覚悟を決め、計画を立てれば、不可能なことではありません。私がどのようにして達成したかをご紹介しましょう。

まず、**目標が決まったら、やりたい量を使える日数で割る日割り計算をすることです。**長男のときは、絵本と童謡をそれぞれ1万と決めたのが生後半年のときだったので「3歳までの2年半に1万曲、1万冊」ですから、最初のうちは「1日15曲、15冊」

と決めました。次男からは生まれたときから始めることにしたので、1日10冊と10曲になりました。

1日に絵本を10〜15冊、童謡も10〜15曲というと、「え〜、そんなに読んだり歌ったりするのは大変そう」と驚かれる方が多いですね。でも、大人の本を1日に10冊読むのとはまったく違い、**絵本は1冊が数分しかかからないものも多い**ので、ほとんど苦労することなくクリアできます。

それでも、疲れているときとか、忙しいときは、0歳児向けのほとんど字のない絵本を見せて、適当に話をして、冊数を稼いでいました。1万冊を達成するには、かなりのんびりと構えることもコツです。なんと言っても、3年計画なのですから、ゆるく、きっちり、ちょっといい加減に、たまに真面目に、増える冊数の数字を楽しみにして、ゲーム感覚で捉えるといいでしょう。

月齢が上がるにつれて、少しずつ文章が長くなりますが、ほとんど字のない絵本を何冊か入れておくと、読むほうもホッと一息つけます。眉間にしわを寄せて読むのは間違いだし、子どももそんなお母さんは見たくありません。楽しく気楽に読み続けることですね。

カレンダーで記録し達成状況を「見える化」する

読んだ絵本の冊数と歌った童謡の曲数を記録するために、**1カ月が1枚になった小さくて縦に細長いカレンダー**を用意しました。小さくて細長いと、子どもたち1人ひとりのカレンダーを並べてさげられるので、便利でした。毎日、その日に歌った曲数、読んだ冊数とそれぞれの累計数をカレンダーに記入しました。

数字を記録し、いつでもその数字が見えるようにすることが、続けるコツです。毎日、貯金が貯まっていくような感じで達成感があって、やる気が出ますよ。

用事があって、あまり読めないときには、時間がある日に前倒しで多めに読んだり、借金を分割で返済するように、読めなかった冊数を何日かに分けて読んだりしました。

前日の夜、寝る前に食卓に絵本を10冊積んでおく

絵本を読もうと決めたら、まず、子どもが寝る直前に読み聞かせて寝かせようとす

る人が多いです。小さな子どもの場合、今日の絵本を読んであげようと思って子どものほうを見たら、いつの間にか寝てしまっていた、という話もよく聞きます。だから、なかなか、たくさんの本は読めない、と嘆くお母さんは本当に多いですよね。

しかし、それはちょっと考えたら当たり前のことです。日中は他の家事などで忙しくしているので、夜なら落ち着いて絵本を読んであげられる、ということでしょうが、子どもは、大人より早く眠くなります。そのため、大人の仕事をすべてすませて、絵本を読んであげるというのは現実的ではありません。そうしていたら、3歳までにたいした数は読めません。

1日に10冊読もうと思ったら、**早い時間に読んでしまっておくことです。**大人の仕事と同じで、やるべきノルマはサッサとすませることが、成果をあげる第一歩です。朝起きて、「さあ、どの本を読もうかな」などということでは間に合いません。

ノルマをきちんと達成しようと思うのなら、まず準備が大切です。**前日の夜、寝る前に明日読む絵本を10冊選んで、食卓の上にのせておくとよいでしょう。**前日の夜なら、明日はどんな絵本を読んであげようかな、と余裕を持って選べます。10冊のうち5冊の主人公がクマさんだったなんて失敗は、なくなります。

料理も下ごしらえが重要なように、何事も前もって準備をしておくと、前向きで楽しい気持ちになるし、いい結果が出せるのです。

私は、食卓の上に積み上げた絵本を上から、家事の合間の隙間時間を利用してどんどん読みました。そうすると、10冊なんて、あっという間に終わります。

読んだ本の冊数を数えるときは、**同じ本を2回読んだときには2冊とカウントします。**だから、1万冊には、同じ本を何度も読んだ回数も含めるので、1万冊の違う絵本を読んだというわけではありません。

同じ絵本を連続して54回読んだ話

同じ絵本を連続して読み続けた私の最高記録は、54回です。

長男が1歳半のときに次男が生まれましたが、長男は特に変わった様子もなかったので、よくいう赤ちゃん返りもないのだなと安心していました。

ある日、次男が寝た後、1階の居間で「お母さん大好き」といった内容の

『こんにちは』という絵本を長男に読んであげていました。すると長男は「もう1回読んで」と何度も何度も言います。2階でも読んでと言いだしたので、長男を抱っこして2階の部屋に行きました。そこで、また何度も『こんにちは』を読むように言うのです。

私は、だんだん疲れてきたのですが、読むたびに〈正〉の字で記録しました。結局、長男が眠るまでに54回も読んでいました。時計を見たら、午前4時でした。もう外が明るくなってきていたのを覚えています。

おそらく、冊数をカウントしていなかったら、たぶん途中で、「もういいかげんに寝なさい」と言ってしまったと思います。でも、〈正〉の字で記録していたから、貯金が貯まっていく感じで、「数日分稼いだ」という気分になりました。疲れていたけれど、〈正〉の字が精神安定剤になったようです。

怒らなくてよかったと後で思いました。あれは、長男の赤ちゃん返りだったのだと気がついたのは、ずっと後のことです。

1万回歌うために歌詞カードでカウントしていく

童謡のカウント方法ですが、「親が歌う」ことにこだわっていたため、部屋でBGMとして流した童謡や、車の中で聴いた童謡などはカウントしませんでした。

童謡も絵本と同じで、漫然と「やろう！」と意気込むだけでは1日10曲、3年で1万曲に到達することは難しいと思います。やはり、**「努力」でやろうと思わず、「仕組み」で自然にできてしまうようにする**必要があるでしょう。

そこで私が利用したのが、先ほどご紹介したくもん出版の『母と子のうたカード』です。毎日歌う曲数を決め、歌い終わったカードをプラスチックの箱にポイポイ入れ、その日の終わりにカードの枚数を数えて、カレンダーに数を書き込んで累計をとっていました。そのようなことでもしないと、親のやる気も続かないのですよね。

ちなみに『母と子のうたカード』に入っていなくて、気に入った童謡は、私がうたカードを手作りしました。くもんのカードと同じ大きさに画用紙を切って、表に絵を描き、裏に歌詞を書きました。何枚か書いたのですが、あまりに絵が下手過ぎて、子どもたちは大笑いしていました。

絵本や童謡の時間を決めて習慣化する

私には「3歳までに1万曲、1万回」という目標がありましたから、1日の目標値を決め、家事と家事の間に、童謡を歌ったり、絵本を読んだりしていました。

私のように1日の数を決める方法の他、**時間を決める方法もあります。**毎日、「帰宅後30分間」とか「夕食後30分間」などと時間を決め、絵本の読み聞かせや童謡を生活の中に組み入れてみてもいいですね。働いているお母さんは、この方法のほうがやりやすいかもしれません。絵本を読むことをルーティンワークにすると、子どもはその時間を楽しみに待つようになります。

1日10冊、10曲を毎日コツコツ続けましょう。1万回、1万曲も夢ではありません。

1万回

8

1万回を達成する方法（マインド）

働くお母さんは、上手に時間をコントロールして

働きながら子育てをしているお母さんは、忙しくて疲れると思いますが、専業主婦も育児と家事などが忙しくて疲れています。どちらが疲れているかなどという不毛な比較はやめましょう。子どもの数も多いほうが大変と言いますが、1人っ子は別の大変さがありますので、多いほうが大変で少ないと楽ということも一概に言えません。

子育てに〈比較〉は禁物です。比べ始めたらキリがありません。人間は自分が一番大変だと思いたいものらしいです。でも、他人のことは何もわかりません。自分の生

活だけをしっかり見据えて、自分の時間をコントロールするしかありません。絵本や童謡を、と思ったら、やはり、子どものために、ひたすら読んで歌うのです。

外で働いていると、お母さんは帰宅したら少しゆっくりしたいかもしれません。まず、着替えて、コーヒーかお茶でも飲みながら一息入れたいでしょう。そのコーヒータイムに、絵本の読み聞かせをしたり、童謡を歌ったりしてみてはいかがでしょうか。

子どもが3歳になるまでは、自分のやりたいことをちょっと我慢して、子どもが寝るまでの間に30分でいいから、絵本を読んであげてほしいのです。子どもは、お母さんが読んでくれるのを待っていますよ。

何かやりたいことがあれば、お子さんが寝てからすることにしませんか。

「絵本や童謡が仕事なら？」「子どもがお客さんなら？」と考える

育児中は疲れますから、働いているお母さんも専業主婦も、目標やノルマがないと、「疲れているから明日読もう」と先送りしがちで、なかなか読むことができません。

ですから、**絵本を読むこと、童謡を歌うことを「お母さんの仕事」だと考えてほしい**

のです。この「仕事」は、会社の「仕事」と同じ意味です。

たとえば、顧客に「これをして」と言われたとき、「ちょっと待って」とか「疲れているので、明日」と言ったら、もう二度とあなたの会社には来ないでしょう。

絵本や童謡を仕事と考えると、疲れていてもするのが当たり前だし、時間がきたのに待たせることはしないですよね。育児を1つの仕事だと考えると、甘えが出なくなります。家の中では、物事が少しくらい遅れようが、会社とは違って誰からも非難されないので、ついその状況に甘えてしまうのですね。

自分はお母さんだから、「ちょっと待って」と言ってもまた子どもは来るだろうと思うのです。でも、それは会社が顧客の信頼を失うのと同じで、子どものお母さんに対する信頼も薄れていきます。「10冊読んであげるよ」と言ったときには、子どもとの約束を守り、必ず10冊読んでください。それは、お母さんの〈仕事〉なのですから、当然のことです。ここで、甘えを出さないことです。

仕事では、自分が言ったことは必ずやりますよね。「絵本と童謡」も仕事だと思い、自分の言葉に責任を持ってください。賢い子どもに育てようと思ったら、仕事と同じで手を抜いてはいけません。多くの仕事には、数値目標やノルマがあります。その数字があるからこそ、それを達成するために頑張れるのです。無理のない範囲で、数や時間のノルマを決めて、しっかりと達成してください。

きょうだいが多いほうが効率的

子どもの数が多いから大変、と思っている方がいらっしゃるかもしれませんが、絵本を読んだり、童謡を歌ったりするのに、実は子どもの人数が多いほうがいいこともあります。子どもたちを集めて読んだり歌ったりすれば、1回ですみカウントはそれぞれにプラス1になります。しかも、みんなが同時に楽しめます。

わが家では、下の子に絵本を読んでいるときに、大きくなった上の子も『懐かしい』と言いながらやってきて、お話を聞いて話がはずみ、盛り上がっていました。

絵本&童謡はお母さんの仕事、子どもは顧客。ノルマ達成を意識して。

1万回

9

絵本&童謡なら お父さんも戦力になる!

父親が参加しやすい育児ツール

私は基本的に、育児はお母さんの仕事だと考えているので、主人に過度な期待はしていませんでした。私が頼んだことを気持ちよくサポートしてくれたらいいくらいに考えていました。

でも、お父さんが育児を手伝いたいと思っていたら、絵本の読み聞かせや童謡を歌うことは、気軽に参加できて失敗することのない、絶好のチャンスなのです。

子どもがまだ小さいときには、体をたいして動かさずに、座ったまま膝の上に子どもを乗せて絵本を読んだり、座って歌詞カードを見て歌ったりできますから、疲れたお父さんにとっても意外と楽です。また子どもとしっかりとスキンシップもコミュニケーションもとれますので、絵本と童謡はお父さんが子育てに参加しやすいツールだと言えます。

それに、同じ絵本や童謡でも、お母さんとお父さんとでは、歌い方や読み方が違いますから、子どもたちはその違いを見つけて大喜びします。

ちなみにわが家では「子どもが3歳になるまでに童謡1万曲、絵本1万冊」と決めましたが、主人も絵本と童謡は気楽に手伝っていました。途中で、本当は童謡は200曲だったことに気がついたのですが、私があまりにも熱心に「1万回」説を力説したので、「童謡も1万曲」と信じきっている主人には言えず、結局、絵本も童謡も「1万」という数字にこだわることにしました。主人は今も、「1万曲」だと信じていると思います。

私が読めなかった唯一の絵本

くもんのすいせん図書の中に『あげは』という絵本がありました。美しい挿絵とわかりやすい解説で高い評価も得ている絵本ですが、リストの中にこの本を見つけたとき、「えーっ!」と思いました。実は、私は虫が苦手な人間で、虫の中でもとりわけ《蝶》が大嫌い。というより、恐怖を感じて逃げ回ってきたのです。

この本だけは買わないでおこうと思ったのですが、よく考えたら子どもたちは蝶が好きかもしれないのに、私の好みを押しつけるのはどうかと思い、思い切って購入することにしました。

でも、届いた本の表紙を見て、呆然としました。なんと、表紙一面に大きく描かれたアゲハ蝶が……。私は、蝶の中でもアゲハ蝶が一番苦手なのです。表紙を見た途端、紙袋を持ってきて子どもたちにその本を入れるように頼んで、袋ごと本棚の見えない隅に隠しました。

　なんとか、蝶を克服して子どもたちに読んであげなければ！と努力するものの、何度表紙を見ても「キャーッ！」と慄《おのの》きます。克服するなんてありえないと悟った私は、『あげは』を読むのは主人に任せることに。しかも、読むときは私が表紙を目にしなくていいように、台所で料理を作っているとき限定にしてもらいました。子どもたちもこの本をわざと見せて私を怖がらせようというようなことは一切しなかったので、お母さんが本気で嫌がっているのを理解してくれていたのだと思います。

　あんなにたくさんの本を読んだのに、私はこの本の表紙すら一度もめくることはありませんでした。主人は読みながら「ママもこの世で怖いものがあるんだね、あはは、面白いね～」とか言っていましたけど。


　最近までわが家の庭に、温州みかんとゆずの木がありました。今は、両方とも枯れてしまいましたが、以前は温州みかんの木は大きな実をいくつもつけて、子どもたちを喜ばせてくれていました。

『あげは（かがくのとも絵本）』（小林勇・文・絵）福音館書店　※現在は絶版

ところが毎年、その木にアゲハが卵を産みにひらひらとやってくるのです。私はいつも見ないようにして、玄関のほうに逃げていましたが、子育ても10年がたった頃、ふと「アゲハのお母さんも、子どものことで大変なんだな……」と思ったとき、アゲハとはお母さん同士の立場からわかり合えるような気がして、その頃から大嫌いではなくなりました。それでも、いまだに触ることはできませんが。

ちなみに、息子3人は虫は平気で、アゲハ蝶の芋虫を飼って羽化させたりしていました。娘は、苦手ですね。

POINT

ノルマ達成には、お父さんの力も不可欠。育児参加のチャンスです！

主人の読み聞かせ爆笑エピソード

ある夜、寝る前の子どもたちをお布団に集めて、みんなで寝転んで、主人が読み聞かせを始めました。

その日は、布団の中で絵本を読み始めました。仰向けに寝て、腕を伸ばして絵本を掲げ、主人の横に3兄弟が寝そべって絵本を見つめていました。

主人は、読みながら眠くなってきたのでしょう。絵本を持っている手がだんだん下がってきます。子どもたちは、父親の異変に気づいて、一斉に「お父さん！」と呼びかけます。主人はその声で、ハッとしてまた手を伸ばして絵本は元の位置に。でも、また、じわじわと下がってきます。続きを早く知りたいので、「お父さん！」と起こしますが、そうこうしているうちにお父さんは夢の中へと旅立ちます。

朦朧とした意識の中で、「絵本を読まなければ！」という思いはあるものの、次第に夢のほうに引きずり込まれていきました。主人の職業は弁護士で、翌日の裁判のことが気になっていたのでしょう。そのうち、「小林さんはクマさんと……」とか「不当解雇は……」とか「キツネさんは、労働時間を……」などと言い出したのです。原告と被告の名前が出てきて、裁判の内容と絵本の物語が混ざり、しまいには絵本の主人公まで裁判所に呼び出されてしまいました。

子どもたちはビックリですよ。そこで、子どもたちが「ママ〜。お父さんはもう使い物にならないよ〜」と言うので、私が続きを読んで終わらせました。実はこのようなことは、しばしばありました。今では、笑い話です。

主人の仕事の関係者がクマさんの友だちになったり、キツネさんが訴えられたりで、わけのわからない事態になっていましたが……。そばで聞いていると、思いがけない展開で面白い話になっていたりしたこともありましたね。

『ぽぽぽぽぽ』は、擬音語と擬態語だけで蒸気機関車の話を語る、赤ちゃん向けの絵本です。ページをめくると「ぽ」「ぽぽ」「ぽぽぽ」「ぽぽぽぽぽ」「とととと」「ぱぱぱぱ」などがひたすら出てきます。

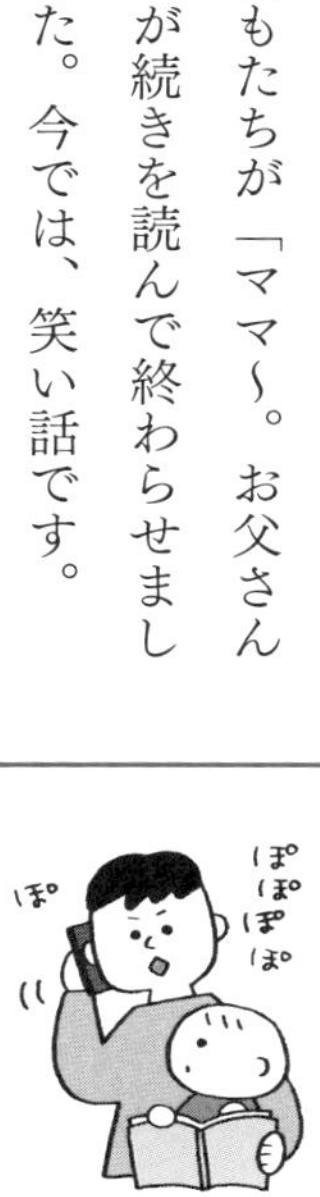

あるとき、主人がこの『ぽぽぽぽ』を子どもたちに読んでいました。ページをめくりながら、ずっと「ぽぽぽぽ」と読み続けていたときに、突然、仕事の電話がかかってきました。主人は急いで電話に出ましたが、「はい、佐藤です」と言うべきところなのに、受話器をとった途端になんと「ぽぽぽぽぽ！」と口走ってしまったのです。

事情がわからない相手の方は驚いたと思いますが、子どもたちと私はその様子を見て大爆笑。主人は「ぽぽぽぽ！」と言ってしまったことに気づいたようでしたが、なぜいきなり「ぽぽぽぽ！」と言ってしまったかは弁解もせずに、何もなかったように、その方と普通に仕事の話を始めたのです。

その様子があまりにも自然で、特に悪びれた様子もなくいつもの真面目な顔で仕事の話をするものですから、私たちは笑いが止まりませんでした。

CHAPTER

3

3歳までにおすすめの勉強・習い事・遊び

将来の基盤を育むためにやるべきこと

勉強

1 小学校に入るまでにマスターしておきたい5つ

なぜ九九を就学前に覚えさせるのか

子どもたちが小学校に入るまでに、私は「ひらがな」「カタカナ」「数字」「一桁の足し算」「九九」の5つを習得させました。

ひらがなや数字はともかく「九九も？」と思われた方もいるでしょう。通常なら小学2年生で教わることなので、早過ぎると思われる方のお気持ちもわかります。

でも、九九で苦労する子どもの話はよく聞きます。2年生になって授業で習うからと言って、誰もがすぐに九九を身につけられるわけではないのです。やはり、暗記が苦手な子どももいますから、先生とテストに追われるように覚えるのは楽しくないし、きちんと身につけるのは多少の時間と努力と面倒くささが必ず伴います。

かけ算の理屈は2年生に学校で教えてもらうとして、とにかく暗記してしまいましょう。**入学前なら、追い立てられることもなく、焦らずに九九を覚えられます。**

ただ1つ、気をつけなければならないことがあります。入学前の子どもは口が上手に回らず、4の段と7の段の発音が難しいので、言っている数字が間違えていないか、九九の表を見ながら確認してください。たとえば、「4×7＝28」を、「ししち　にじゅうはち」と言うとき、「ししち」がうまく言えないのです。うまく発音ができていない部分を探し出して、発音の練習をしましょう。

小学校入学前には6年もあります。その間、その子の学びの速さに合わせて、焦らずにしっかりとマスターしてから入学したほうがいいと思います。

POINT

九九は就学前にマスターを。理屈はあとから。とにかく丸暗記しましょう！

勉強

2

2歳までに公文式を始める

4人全員が1歳からスタート

私は子どもたちに幼児教育を受けさせたいと考えていたので、長男の首がすわった生後6カ月頃から、いろいろな幼児教育の教室を見学しました。それぞれの教室によさがあるため、どこにするかずいぶん悩みました。

そんなとき、主人に「一番いいと思った教室のものをとりあえずやらせてみれば？あまり、どれがいいとか考え過ぎないほうがいいよ。**どの教育方法もいいところも悪いところもあるから、一番いいと思ったものの〈いいとこどり〉をすればいいんじゃ**

ない？」と言われ、「なるほど」と思い、長男が1歳の頃に、一番いいと感じた公文式を始めることにしました。

早期教育の教室は他にもたくさんありましたが、その中で公文式を選んだ理由は、レベルアップの仕方が一番細かく丁寧だったからです。また、プリントの大きさがほどよく、小さな子も喜ぶレイアウトだったことも理由の1つです。

3歳になる前に公文式に通う場合には、国語、算数、英語の3科目は負担になるので、国語と算数の2科目でいいと思います。

早く始めることには メリットしかない

早い時期から幼児教育を始めるメリットは、もしその幼児教育のやり方が子どもにどうしても合わなかったときに、小学校入学までに時間があるので他のやり方に変える余裕が親にも子どもにもあることです。

たとえば5歳から、ある幼児教育を始めたとします。その教室や先生に子どもが慣れるのが半年、やっと慣れてやり始めたものの、ちょっとこのやり方はわが子に合わない、お母さんも先生と考え方が合わないなと思ったとき、やめるにももうすぐ小学校に入学します。

せっかくの早期教育が中途半端になり、読み書き計算が間に合わなくなるかもしれません。よかれと思って始めたことが焦りにつながり、「少しはやったけど、何だかな〜」と親子で思うことになりかねません。

そのため、なるべく早めに始めて慣れるという助走期間も含めて考えてほしいと思います。いったん始めたら、最低でも半年か1年は続けてください。それで合わないと思ったら、変えればいいのです。

1〜2歳のときに始めて、3歳を過ぎたときに、「気づいたらやっていた」という状況に持ち込むほうが親子ともに楽なのです。

「そんなに早い時期からやらせると、小学校の授業が面白くなくなるのでは？」とか「ひらがなの読み書きや計算は、小学校で教えてくれる」という意見もありますが、**今は、小学校入学時に、ひらがなをすらすら書けるお子さんはかなり多いのです。**

何十年も前には、「小学校に入学する前に自分のお名前はひらがなで書けるようにしておきましょう」と言っていましたが、今はそのようなことでは小学1年生の夏休み前に落ちこぼれてしまいます。**小学校入学早々に、「自分はできない」と劣等感を抱かせてしまうと、子どもがかわいそうです。**小さな子どもは、特に《自己肯定感のかたまり》のように育てなければなりません。

教育の基本である「読み、書き、計算」を始めるのに、早過ぎるということはありません。よくいう早過ぎた弊害は、子どもの進み方を他の子と比べて、親が怒ったり厳しくし過ぎたりして、子どもがやりたくないと泣き叫ぶということです。

早期教育をうまく進めるためには、子どものペースを掴んでその子のペースで進ませる余裕を親が持つことです。たとえば、普通は3歳でできることをわが子ができないとき、6歳でできたらいいや、と考えましょう。「読み、書き、計算」は、6歳までにできたらいいので、なるべくゆっくり楽しくするために、2歳までには早期教育を始めることをおすすめします。

POINT

早期教育のスタートは、早ければ早いほどベター。助走期間も含めて検討を。

勉強

3 子どもに自発的に公文式をさせるとっておきの方法

お母さんがやる

乳幼児期にさせることは、勉強も遊びも、子ども自身が「楽しい！」と感じることが一番大切です。何かをさせるときには、始めやすいように心のハードルを低くしてあげましょう。

長男は1歳半頃から公文式の教室に通い始めました。しかし教室では楽しく過ごしているものの、当初、家ではまったくプリントをやりませんでした。昨日まで、遊んでいた子をつかまえて、今日から「はい！　プリントを毎日5枚やってね」と言うのは、かわいそうで、私は言えませんでした。

今までの家の生活や雰囲気になかったプリントというものを入り込ませることは、慎重にしないと非常に危険だと思った私は、1日5枚の宿題を「はい、先生からいただいたのでやってね」と言って気楽に渡すようなことはしませんでした。

長男の今までの生活に、じわじわとプリントを侵入させようとして考えた方法が「自分がプリントをやる」ことです。

長男にはまず、「先生から楽しそうなプリントをいただいたから、ママがしてみるね～」と声をかけることから始めました。そして毎日、長男のそばで「すごく、面白いよ～」と言いながら、私が鉛筆で棒線を引いたり○を書いたり、楽しくプリントをやり続けたのです。その姿を長男は興味津々で見ていました。

そして半年が過ぎた頃、「やってみない？」と聞いたところ、「やる～」と言ってくれました。子どもがそう言ってくれるまで、じっと待つのがコツです。

最初は1枚やって、何週間かしたらもう1枚、とだんだん増えていきました。それで、やっと1年たった頃に、宿題をほぼ全部やるようになりました。もちろん毎日毎日きっちりやらせたわけではありません。やらない日があったり、やらない日が続い

たりしたときもありました。

子どもがやる気になっていないのに、親が机に向かわせて無理矢理させると嫌になってしまいます。まずは親が楽しそうにして、子どもに興味を持たせてください。そしていったん、子どもが始めたら、大げさなくらいに褒めてあげましょう。子どもはお母さんに褒められるのが大好きです。特に3歳ぐらいまでは褒めて、気持ちよく取り組めるようにしましょう。

ちなみに、次男や三男や長女は、すでに家の中にプリントがしっかり入り込んでいたので、何の苦労もなくすぐに始められました。弟や妹は、兄が楽しそうにやっている姿を見ていて、やりたい、やりたいと言ったほどです。

そうは言っても、4人ともやり方の緩急はつけました。やったり、やらなかったり、増やしたり、減らしたり、子どもたちが楽しいと思える量と頻度、時間などには、細心の注意を払いました。

灘中、東大に入れたのは公文式のおかげ

公文式のいいところは、年齢や学年に関係なく自分のペースで進められることです。**「できたら次に進む」というのは、達成感があるのでやる気が出ます。**わが家の子どもは、小学3年生の2月に中学受験塾・浜学園に入るときに公文式をやめました。

算数が難しい灘中（灘中学校）、数学が難しい東大の入試に合格できたのは、幼い頃から公文式で計算力を鍛えたからだと思います。しっかりと基礎学力をつけさせたいと思うのであれば、最初はお母さんが子どものかわりにやってもいいので、早めに公文式を始めるといいでしょう。

POINT

計算力アップには、やっぱり公文式がおすすめ！ お母さんがお手本を見せてあげて。

勉強

4 九九やひらがなを覚えさせる方法

九九は歌で覚える

九九は歌で覚えるのが一番です。いろいろなCDが発売されていますので、子どもと一緒に楽しく歌えそうなものを選びましょう。2の段から9の段までを通して何度も聞かせて、みんなで歌うと楽しいですよ。

なんと言っても、今までに聞いたことのない、童謡にはない歌ですから、子どもたちはかなりノリノリで歌います。当時はCDではなくカセットテープでしたが、公文式の教室の帰りに、車の中でかけたら、長男と次男は大合唱で、家に帰り着く40分後にはすべて覚えていました。

私はあまりの効果に驚いたものの、**九九はそんなに苦労して覚えるものではない**のだと、認識を新たにしました。その当時、三男はまだ赤ちゃんだったので歌うことはできなかったのですが、何年か後、やはり同じテープで歌ってすぐに覚えました。

長女はどうだったのかは覚えていないくらい、いつの間にか九九を言えていましたが、やはり、使ったのは同じ歌でした。

また、**九九の一覧表を家のどこかに貼るのも効果的です。**しかし、貼っておくだけでは、何の役にも立ちません。はじめは、音（歌）だけで覚えさせます。このとき一覧表を見せると、視覚が暗記の邪魔をしてしまうので、見せません。歌で覚えたら、今度は一覧表を見せて、視覚で確認させるとよいでしょう。

特に4の段と7の段は、前述のように、小さな子どもが発音しづらいので、一覧表での確認は必須です。

そのときには理屈がわかっていなくても、就学前までに覚えておくと、小学校に入って九九を習うときに苦労しなくてすみます。

ひらがな、カタカナの覚え方

わが家では、算数と国語の基礎はすべて公文式のプリントで学ばせました。もし公文式に通わせないのであれば、ひらがなやカタカナ、数字や一桁の計算は、他の早期教育の教室や市販の問題集を買って来て、学ばせればいいと思います。

どの問題集でも好きなものを選べばいいと思うのですが、1つだけ気をつけたほうがいいのは、ひらがなはA出版、カタカナはB出版というように、**複数の出版社の問題集を使うのは避ける**、ということです。

出版社を1つに決め、同じシリーズで学ばせましょう。レイアウトが統一されているほうが、子どもはやりやすいのです。

九九は歌でマスター！　市販の問題集は、1つの出版社でシリーズを揃えましょう。

結構大事な「姿勢」「鉛筆の持ち方」

わが家では、4人の子どもたちにバイオリンを習わせました。バイオリンは、正しいフォーム（姿勢）が基本です。正しいフォームで弾かないといい音が出ません。

それと同じで、鉛筆の持ち方も正しいフォームが大事です。正しく持たないと大きな字、小さな字、ゆっくり書く、早く書くなどに、対応できません。いくら、「ちゃんとした姿勢で！」と言っても、道具が本人の体に合っていないとできないのです。くもんで幼児用の6Bの太い鉛筆を購入して、1歳児にはこの鉛筆は長いから、のこぎりで半分に切って短くして使いました。

正しい持ち方を意識させるために大きくなってからは、普通の鉛筆に矯正器具をつけました。はじめに変な持ち方を覚えてしまったら、後で直すのは大変なので、鉛筆を持ち始めたら、最初の1年は目を離さずに持ち方にはこだわってください。矯正器具は鉛筆にはめるだけなのですが、いちいちつけかえるのは面倒だから、矯正器具をたくさん買って、鉛筆にはすべて矯正器具をセットしました。

お箸の持ち方も徹底しました。まず、私自身がきちんとお箸を持っているのか確認するために、お箸の正しい持ち方を指導している国際箸文化協会のパンフレットを取り寄せたり、正しく持てる器具を使ってみたりしました。幸いにも私はきちんと持っていることを確認したので、自信を持って子どもたちにお箸の持ち方を教えることができました。

お箸だけではなく、食事をするときの姿勢や食べ方などのテーブルマナーについても、細かく注意しました。うるさがられることもありましたが、なんと言っても〈鉛筆〉と〈お箸〉と〈食べ方〉は母親の私が躾ける以外誰も細かくは教えてくれませんから、「ママの目の黒いうちにきちんと直しなさい」と言い続けました。ちなみに「目の黒いうちに」とは「生きているうちに」ということですが、考えてみればこの言葉は、私が小さかったときに、私の父がよく使っていたのです。

勉強

5 お風呂場は楽しい勉強の場

お風呂も言葉と文化で

毎日入るお風呂も、壁面にお風呂専用の地図や表などを貼ることによって、いろいろなことを学べる空間にすることができます。わが家では、子どもが幼い頃から、あいうえお表や日本地図などを貼っていました。

小さな子どもにとって、お風呂は石鹸やお湯で遊べる楽しい空間です。いろいろなお風呂用のおもちゃを置いて、よく遊びました。子どもは水遊びが大好きですよね。その楽しい場所にあいうえお表などを貼っていますから、バスタブに入りながら表を見たりして楽しみました。

日本地図では、「私たちが住んでいる奈良県はここ。海がないね」「おじいちゃん、おばあちゃんたちが住んでいる大分はここ」などと、指でさしながら教えました。子どもたちは日本地図が好きだったようで、2〜3歳頃でも、「ここは○○県」と言い合って遊んでいました。

わが家の日本地図の日本列島の周りには、県の花や〈都道府県章〉という各県のシンボルマークも掲載されていました。都道府県章は各県の特徴をよく表していて、その意味や由来を調べると、大人もすごく面白いのです。そして、これが意外と、小学校の社会のテストに出題されます。

日本の都道府県を1つ取り出して、その形から都道府県名を問うような問題もよく出題されます。日頃から地図を見慣れていると、割と楽に答えられます。**自分の国のことに詳しいほうが地理、歴史、公民などにも大いに役立ちます**から、お風呂場に地図を貼るのをおすすめします。

お風呂の中で童謡を歌うこともありました。お風呂の中ではエコーがかかって、楽しいのです。お風呂は楽しく学べる絶好の場所です。ぜひ、工夫して文化的な空間に

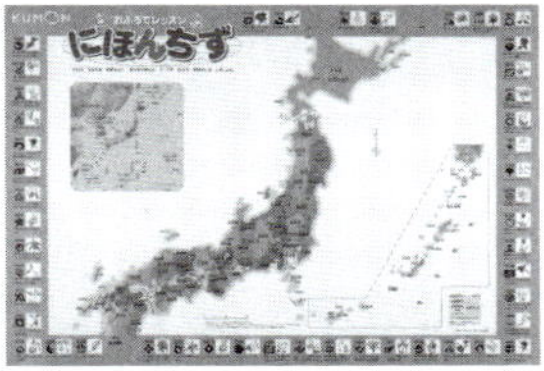

「おふろでレッスン　にほんちず」（くもん出版）

してください。

POINT

お風呂の壁には地図やあいうえお表を貼りましょう。水遊びのついでに勉強できます。

知育玩具・教育ツールの注意点

お箸の持ち方を徹底させるために、小豆ほどの大きさのおもちゃをお箸で運ぶ知育玩具があります。非常によくできていて面白いのですが、小さ過ぎて子どもたちには誤飲の危険性があるので、使いたかったのですが諦めました。ずっと買ってみたかったので、実はつい最近、私が遊ぶために買ってみました。

つまむのは小豆ではなく、ものすごく小さいお寿司のおもちゃです。やってみると、実に楽しい。でも、小さな子どもがうっかり口に入れてしまい、ノドに詰まらせてしまう危険性は十分あると思いました。子どもたちが大きくなって、お箸の持ち方をチェックするにはいいかもしれませんね。

当たり前のことですが、玩具は安全であることが最重要です。

また、最近よく、タブレット教育についての意見を求められます。中学や高校だけではなく、小学生に1人1台タブレットを渡して、小学校でタブレット教育を行っている自治体もあるようです。タブレットで宿題を提出するシステムを導入しているところもあります。

ある学校では、先生にチャット形式で質問ができるようにしているそうです。そうすると、子どもたちは気軽に何度も質問をしてくるので、先生は、土曜の夜遅い時間でも質問が来ればすぐに答えなくてはならないから、自宅にいても落ち着かず、寝られないそうです。

大変ですよね。クラスの30人ぐらいから次々に質問がきたら、先生の負担はかなり重くなります。

これは、使い方を間違えているのではないかなと思います。

大人同士が仕事でインターネットを使ってやりとりするのは効率的ですが、子どもはそのような使い方はできません。タブレットは、非常に便利な機器ですが、12歳くらいまでの子どもに使わせるのは、大人が使い方を相当考えないといけません。大して役にも立たずに、ただのおもちゃになって、子どもの使い方に大人が振り回されることになります。

ただ、発達障害のために漢字が苦手な子どもがいますが、タブレットを使って1つの漢字を拡大表示すると、理解しやすくなると聞きました。そのような場合は、どんどん使用していけばいいと思います。

小学校でタブレットを使ったときに起こる一番の弊害は、文字をタッチペンで書かせることです。タッチペンでは、小さな子は、指の力の入れ方を学べません。

ちゃんと持てるようになった鉛筆を、タッチペンに持ち替えることはできるけど、タッチペンから鉛筆に持ち替えることはできません。それは、大いに問題があると思います。

調べものなどにタブレットを使うのはいいのですが、何かを書いたり考え

たりするときには、やはり、紙と鉛筆で手を動かして学ぶべきだと思います。

思考の原点は、思いついたらその場でしゃがみこんで、地面に石で図や数字や言葉を書きながら考えることであると考えています。タブレットなどは、大人になったらすぐに使えるようになりますから、子どものときは〈超アナログ〉で育てるのが正解だと思っています。先生に質問があるのなら、先生の目を見ながら質問するべきだし、人間同士の肉声の会話でお互いがわかり合えるのだと思います。

最近はよく、「コミュニケーション力をつけるためには?」と言われますが、わざわざそのために授業をするのではなく、日頃の生活で養うべきものではないでしょうか。

習い事

6 なぜわが家では「公文式」「水泳」「バイオリン」を選んだのか

習い事は勉強系、運動系、芸術系の3つに絞る

講演会のあと、ご質問をたくさんいただくことがあります。その中で最近よくあるのが、習い事についてです。3歳の子どもに習い事を5～6つさせている家庭は多いようですが、8つさせている家庭もあるようです。

お母さんが、今の時代を考えて心配になり、あれもこれもとなるのでしょうね。その気持ちはよくわかります。また、子どもと2人で家の中にいると、どのように遊ばせるのか悩むし、お母さんも少しは子どもの手を離して息を抜きたいですものね。

習い事に行くと、その間は子どもの手が離れるし、他のお母さんとおしゃべりができて楽しいのもわかります。私も、長男をくもんの教室に連れていったら、すごく楽で、他のお母さんとお会いするのは毎回楽しみでした。しかし、だからといって、**3歳児にあまりにたくさんの習い事をさせるのは、ちょっと違うなと感じます。**

子どもは、外出用の服に着替えて、お稽古ごとの場所に行くのは楽しいけど、結構疲れるようです。小さな子どもには、朝ゆっくり起きて、家の中でのんびり遊び、眠くなったらごろりと横になりお昼寝をして、今日1日は夜まで何もせず、どこにも行かなくてもいい、というゆる〜い日も必要なのだと思いました。

習い事は、はじめはたくさんやらせてみてもいいのですが、そこそこやってみて楽しんだら、3つくらいに絞りましょう。多くても週に3種類ぐらいがいいと思います。

そのためわが家では、**勉強系、運動系、芸術系をそれぞれ1つずつ習うことにしました。**勉強系の習い事は公文式、運動系は水泳、芸術系はバイオリンにしました。

運動系で、なぜ水泳を選んだのかというと、学校では夏になると必ずプールの授業があるので、泳げないと楽しめないからです。また、私がもともと泳げなかったことも理由の1つです。私は小学校、中学校、高校と、浮いて少し進むことはできたのですが、どの泳法でも息継ぎができずに、水泳の授業を楽しんだ記憶がありません。ずっと泳げなかった私は、結婚してすぐに水泳教室に通ったのですが、2週間で息継ぎができるようになり、泳げるようになりました。このとき「水泳はプロに習わないと、きちんと泳げない」と思ったことから、子どもたちに習わせることにしたのです。

学校の水泳の時間では、1人ひとりに合わせた指導は無理です。また、体育の先生といっても陸上専門だったり、体操専門だったりと分野が分かれているので、水泳専門ではないと指導はうまくいきません。私が水泳教室に通っていたときのコーチは、水泳で国体に出た経験がある専門の方でした。運動と一口にいっても、種目が違うとまったく指導方法が違うので、そういう意味では、学校の授業ではなかなかマスターできないのです。

スズキ・メソードの影響でバイオリン

人は生きていく間に、さまざまな辛い出来事があります。そのときに精神的に救ってくれるものの1つが、音楽だと思います。辛い出来事があったとき、何か1つでも楽器を演奏できれば救いになるに違いないし、人生が楽しくなるだろうと思って、芸術系では楽器を習わせることにしました。

　数ある楽器の中からバイオリンを選んだのは、バイオリニストで音楽教育家の鈴木鎮一先生（1898-1998）の影響です。鈴木先生は音楽家としてだけでなく、子どもの教育メソード（スズキ・メソード）でも有名な方で、「どの子も伸びる。指導者次第」という信念に私も共感したからです。

　先生は、「子どもが伸びないのは、子どものせいではない。大人である指導者に原因がある」とおっしゃっていて、指導者や親の役割の重要性をそのように話されていたのは、感動的でした。それで、スズキ・メソードのバイオリンで育てていただこうと思ったのです。

習い事は週に3種類まで。勉強系、運動系、芸術系に分けて検討しましょう。

習い事

7 英語やプログラミングはやらせなくていい

英語よりも国語

早期の英語教育については賛否両論ありますが、私は必要ないと考えています。日本語は、世界の中でみても特殊な言語です。日本語と英語とでは文字も文法もまったく違いますから、**幼いときにはまず、母国語である日本語の読み、書き、聞く、話すといった能力をきちんと身につけることが大切だと思います。**日本語で深くものを考えて、読んだり、書いたり、話したりできるようになってから、英語を学ぶのが王道だと考えます。

確かに、ネイティブのようなきれいで流暢な発音には憧れます。しかし、結局は何を話すかが大切で、中身のないことをネイティブのように話しても相手にされません。やはり、話す内容が重要です。

特殊な環境にいない限り、日本で普通に暮らして英語を学ぶ場合、まず日本語の基礎を作り、日本語で深い思索をできるように育てるのが、使える英語を身につけることにつながるのではないかと思います。

外国語を身につけるのは確かになかなか大変です。しかし、小さいときに英語に重点をおくと、日本語を学び損なったりします。日本語は、ひらがな、カタカナ、漢字を駆使した複雑な言語です。英語は得意だけど漢字が苦手という子もたくさんいます。

大学入試改革でも、日本語の読解力が相当のレベルで必要だと言われています。そのため、とにかく**日本語で人間の基礎を作り、英語をあとで身につける**のがいいと思います。わが家では、童謡のＣＤだけではなく、英語の歌を聴かせたこともありますが、メインはやはり日本語でした。

２０２０年から、英語は小学校の正式な科目になります。中学受験を考えていて英語が心配な場合には、まずは日本語の読み書きなどをしっかりとやったうえで、それから英語の教室に通うといいでしょう。

そのプログラミング技術は20年後に通用するか？

プログラミング教育も2020年から小学校で必修化されるからでしょうが、プログラミング教室に通わせたほうがいいかと質問を受けることがあります。私は、3歳児にプログラミング教育は必要ないと思っています。プログラミングの技術などは、年々進歩しています。**3歳のときに習ったことは、小学校で習うときや10年後、20年後には明らかに古くなっています。**

就学前は、いろいろなことに手を出すよりも、ひらがなの読み書きと一桁の計算をしっかりとできるようにすることのほうが大切です。

POINT

まず「読み、書き、計算」。英語やプログラミングは後づけでOKです。

遊び

8 お出かけには図鑑を持って行く

本物を見せると学習効果が高まる

子どもはまだ生まれて何年もたっていませんし、社会経験がないので、極めて経験値が低いのです。そのため、読解力を上げるには、より大人の世界の考え方を知る必要があります。要するに、精神年齢を上げなければならないということです。

子どもが本や親から聞いた話などの机の上の話を「使える知識」に昇華させるためには、いかにリアルな世界につなぐか、つまり、本物を見せたり、実際のさまざまな経験をさせたりすることが大切です。本当に「**百聞は一見に如《し》かず**」ということですね。

わが家では、なるべく本物を見せたかったのですが、平日に私1人で4人の子どもを外に連れていくのは、全員に目が行き届かなくて危険です。それで主人が休みの日曜や、私の両親が来てくれたときなどに出かけていました。

奈良県の自宅から車で1時間くらいの距離にある、大阪府大阪市の天王寺動物園にはよく行きました。絵本には動物がたくさん出てきますが、絵本に描かれたライオンやクマなどは目がぱっちりしていてみんな可愛いですよね。でも、実際に本物を見ると、可愛い動物もいれば、意外と怖いと感じる動物もいます。大きさも動物によって全然違います。普段、絵本で見ている動物の本当の姿を見せてあげたいと思いました。

奈良県には社寺が多いので、お寺もよく行きました。広い庭園もあり、安心してよちよち歩きをさせることができます。長男が4歳、次男が3歳、三男が1歳のときに、主人と私の両親と7人で東大寺の紅葉を見にいったことがありました。本当にきれいでしたね。家族で記念撮影をする直前に「写真を撮りますよ」と声をかけたら三男が走ってきて、なんと顔から転び、鼻血を出している写真もあります。みんなで「なぜ今鼻血?」と大笑いでした。

奈良県には、社会の教科書に写真が出るような名所旧跡がたくさんあり、美しい自然が残っています。お寺は桜と紅葉がきれいなので、いろいろなお寺に連れていきました。明日香村の古墳群にも行きました。子どもたちは幼かったので、石舞台古墳などを覚えているかどうかはわかりませんが、とにかくいろいろなものを見せました。

奈良県は雨が少ないので、稲作用のため池があります。近所のため池の土手には、春になるとつくしが出てくるので、みんなで見にいきました。公園で四つ葉のクローバーを探したこともあります。

図鑑や星座盤を持って出かける

散歩に行くときには植物図鑑を持参しました。子どもは背が低くて目線が低いので、大人だと見過ごしてしまうような足もとの植物も目に入ります。子どもたちに「この花なあに？」と聞かれたときに、すべて即答できるとは限りませんから、わからないときには、子どもと一緒に図鑑で調べました。**図鑑の写真と目の前の本物を照らし合わせると、図鑑の世界がリアルな世界へとつながっていきます。**

図鑑を忘れたときには、雑草なら持って帰って、家で調べました。チューリップやヒマワリのように有名な花だけではなく、「すべての植物に名前がある」ということを教えたかったからです。温室がある植物園にもよく行きました。

幼い頃からいろいろなところへ連れていきましたが、美術館は騒ぐとみんなの迷惑になるので、3歳までは美術館には連れていきませんでした。美術館は、静かに絵を鑑賞できるようになってからですね。

小学生になると、理科で星座を習います。長男が星座を習ったら、長男だけではなく、下の子どもたちにも星座盤を買い、全員が自分の星座盤を持って夜空を見ました。**星座盤の見方はテストに結構出題されますが、実際にやってみないとなかなか見方がわからないのです。**テストのためにやっていたわけではないのですが、実際に星座盤を使って夜空を見ていると、見方や使い方の問題は難なく解けました。

寒い冬に家の外に出て、冬の大三角形を見るのは、大人には少し面倒だったりしますが、オリオン座などを見ると、とてもきれいで感動しますよ。実際に自分の目で本物を見ると、記憶にも残ります。星座盤を見ながら夜空を眺める経験をしていると、星座盤を見ただけで夜空を思い出します。やはり、机の上で勉強していることと本物

をリンクさせることは、すごく大事です。

たとえば、一度も水の中に入ったことがない人に、水泳の理論を徹底的に頭に詰め込んだとします。だからといって、いきなり海に飛び込ませたら溺れますよね。理論が１００でも実践が０ではうまくいきません。かといって、理論がまったくわからないまま、ただ水泳の練習をさせても上達しません。やはり、理論と実践の両方をやる必要があります。

ですから、子どもが幼いときから本物を見せて、いろいろなことを経験させてほしいですね。

POINT

「百聞は一見に如かず」。外でのさまざまな体験が、子どもの経験値を上げます。

『みのむしさん』の正体

私自身も、子どもの頃には両親からよく絵本を読んでもらっていました。今はもう絶版だと思いますが、『みのむしさん』という絵本が大好きでした。風で揺れながら、木の枝からぶら下がっているみのむし。みのの中から可愛いシルクハットをかぶった、目のくりくりした「みのむしさん」が顔を出しているのです。イラストに描けるくらい、今でもはっきりと覚えています。

3、4歳の頃だったと思いますが、まだ幼かった私は、みのの中には絵本に出てくる可愛い「みのむしさん」が入っていると信じていて、「絶対みのむしさんと友だちになる！」と言っていたそうです。

ある日母が、そんな私を見て、「じゃあ、みのむしさんに会わせてあげようね」と言って、庭の木の枝にぶら下がっていたみのむしのところに行き、大きな裁ちばさみで上だけチョキッと切りました。

シルクハットをかぶった可愛い「みのむしさん」が出てくると信じていた

私は、イモムシのような気持ち悪い黒いものが出てきたので、絶句。しばらく呆然としていました。母によると、それ以来私は、二度と「みのむしさん」のことは言わなくなったそうです。母もこのときの私の表情が忘れられなかったらしく、その後何度も話していました。

私が「みのむしさんはシルクハットをかぶっている」と信じていたように、幼い子どもが絵本の世界を信じている時期には、信じさせてあげたいですね。いずれ、子どもたちは成長するにつれて、絵本に出てくるものをリアルな世界に結びつけていきます。絵本の中の夢の世界を信じている3歳ぐらいまでは、子どものその純粋な気持ちや絵本の世界を大切にしてあげたいですね。

著者が幼少の頃想像していた「みのむしさん」
（画：佐藤亮子）

遊び

9 【おすすめ遊具1】ジグソーパズル

子どもに達成感を味わわせる便利な遊具

わが家では、子どもたちが12歳になるまでは、ほとんどテレビを見せませんでした。テレビのように一方的に情報を受け取るものではなく、子どもたちが実際に手に取って遊べる遊具で遊ばせることにしました。その中でおすすめの遊具を紹介します。

1つめは、ジグソーパズルです。まず2ピースから始めるとよいでしょう。2ピースであれば大きくてわかりやすいし、子どもがすごく小さなときには、くわえて舐めても安心でした。それから、4ピース、6ピース、8ピースと、だんだん数を増やしていき、同じピース数でも数種類の絵があったので、全部買い揃えました。公文式でも、日本地図や世界地図などいろいろなジグソーパズルを売っていたので、購入しました。長男が1歳の頃の公文式では、「**3歳までに100ピースのジグソーパズルができたら東大に行ける**」と言われていました。今はもう言われていないようですが、それを聞いたとき、とりあえず100ピースのジグソーパズルを買ってみました。

息子はまだ1歳で幼かったので、私も一緒にやりましたが、ジグソーパズルというのは、1つのピースを指でつまんで狭いところにはめ込むので、指を使った機能を発達させると思いました。ジグソーパズルで遊ぶことを、能力開発に結びつける気はさらさらなくて、子どもが楽しく遊べたらいいと思ってやらせたのですが、長男はジグソーパズルに熱中して、3歳までに100ピースのジグソーパズルを完成させました。そのときは、「あら、できちゃった」という感じでした。

同じ100ピースのジグソーパズルでも、絵が空や海だと難しかったと思うのですが、電車やバスなどの乗り物のパズルだったので、本当に楽しそうにやっていました。

ジグソーパズルの四隅にくるピースには直線が2つあり、一番外側のピースにも1つ直線があるので、まず、直線があるピースを探し出すのがコツです。

根気強く取り組み、最後のピースをプチッとはめ込むときの達成感はひとしおです。「この作品を作った！」という達成感を味わいたくて、夢中になるんでしょうね。

わが家の長男も、一度できたら終わりではなくて、できたものを崩して、何回もやっていました。一度やったものは、次にやるときに少しずつ早くできるようになることも、うれしかったんでしょう。下の子が次々と生まれて、1人で子どもたちを連れて外に出かけるのが大変なときには、家でジグソーパズルをさせることが多かったですね。

ただ1つ困るのが、ピースをなくしたり、他のジグソーパズルのピースと混ざったりすることです。他の遊びだとすぐに「後片づけしましょう」とは言いませんでしたが、ジグソーパズルだけは別。完成したら、すぐにピースをジッパーつきの袋に入れて片づけていました。**お手軽に子どもに達成感を与えられるツールとして、ジグソーパズルはおすすめです。**指先が器用になるし、根気や集中力もつくと思います。

POINT

ジグソーパズルは、根気や集中力が身につき、達成感を味わえる、身近な知育遊びです。

遊び

10 【おすすめ遊具2】トランプ

「知恵」「感情」を育む

トランプもよくやりました。私と子ども4人だと5人になるので、トランプは盛り上がりました。家族旅行に行くときには、トランプとUNOは必ず持って行きました。子どもたちが小さいときには、定番の神経衰弱、ババ抜き、七並べ、ポーカーなどをよくやりました。一番下の娘はまだ1歳半ぐらいでしたが、数字はわかるから一緒に楽しむことができました。

特に、神経衰弱はよくやりました。**神経衰弱は、楽しみながら記憶力を鍛えること**

ができます。1セットを5人でやるとすぐに終わってしまうので、同じトランプを2セット使い、100枚以上にしていました。

トランプをすると、勝負事に勝つためにはどうしたらいいかを考えるし、さまざまな感情も育つと思います。子どもたちそれぞれの性格が出るのも面白かったです。

次男は神経衰弱のとき、何かでトランプのほうに風を送り、トランプを浮かして見ようとして、兄と弟に「そんなことするのはおかしいだろ」って言われていました。

私がうまくとれなかったときに、息子たちは「ママはすぐ忘れるよね。ボケてない？」と憎まれ口を叩くのですが、娘は優しいので、4歳頃からは、小声で「あそこ、あそこ」とこっそり教えてくれました。

ババ抜きをしたときにも、子どもたちの性格が出ました。ババをひかれるときに、ポーカーフェイスの子もいれば、ついうれしそうな表情になる子もいました。

また、誰かが「ちょっとトイレに行く」と言って席を立つときに、すっと最短距離でトイレに行けばいいのに、ぐるーっとみんなの周りを回って行ったりするのです。

特に次男と三男が多かったかな。

「見たな！」というと、「見てないわ」というのですが、戻ってきたときに、ババは

絶対にとらない。だから、「やっぱり、見たな」とバレていました。「そこまでして勝ちたい？」って思うんですけどね。

娘が隣のトランプを引こうとしたときに、思わず、「それ、ババだよ」と言ってしまった子もいました。やはり、トイレに行くときにしっかりとババをチェックしていたのですね。白状しているようなものです。「自分が勝ちたい」だけではなく、誰かに教えたい気持ちもあったのでしょう。いまだに、トランプで遊んだときのことは笑い話になります。

三男は特にトランプが好きで、灘中に通うようになってからは、学校にトランプを持って行っていました。4、5箱は通学用のリュックに入れていました。学校では大貧民をやっていたみたいですね。

わが家は家族旅行に行くたびに、ご当地のトランプを買いましたが、いろいろな写真や絵がカードになっているので、集めるのも面白かったです。

現在は長男と次男が医師になって忙しいし、三男と長女は学生なので、なかなか6人が揃いません。揃ったときにはそれぞれの近況などの話をする程度の時間しかなく、昔のように家族でトランプをすることはなくなりました。

遊び

11 【そのほかのおすすめ遊具】工作／折り紙／あやとり

平面（文字）に書いてあることを立体（現実）にする喜び

折り紙や工作、あやとりなども、本を買ってよくやりました。折り紙と工作の本はたくさん出ていますので、何冊も買って、ボロボロになるまで使いました。巻末のオススメ本リストでこれらの本も紹介していますので、参考にしてください。

長男が1歳半頃、『**工作図鑑**』という厚めの本を買って、それを見ながら、1ページめから順番通りに作ることにしました。行き当たりばったりで工作するのも、それはそれで楽しいのですが、**1ページめから順番に作っていくと、問題集をはじめからすませていくような感じで達成感が持てて楽しい**のです。

このような本は、簡単なものからだんだん難しいものへと順に並んでいることが多いので、順番通りだとやりやすいのです。最初は私がほとんど作っていましたが、だんだん子どもに任せられるようになって、子どももどんどん楽しくなっていったようです。本の通りに出来上がるので楽しかったですよ。

工作の材料になる牛乳パックやペットボトル、卵のパッケージ、ラップフィルムの芯などは捨てずに、いつでも工作ができるよう溜めていました。

割り箸にゴムをグルグル巻きつけて、輪ゴムを飛ばすゴム鉄砲のようなものも作りました。作ったらすぐに遊べるので、子どもたちは自分が作ったおもちゃで夢中になって遊んでいましたね。これは驚くほど、よく考えられていて、簡単に作れるのにしっかりしていて、かなり遊べました。

工作の本に出てくる作品は絵なので、いわば平面です。実際に本の通りに作ると、**絵が立体的になり、リアルに目の前に現れます。これが工作の醍醐味でしょうか。**出来上がるたびに「やった〜」と子どもたちは大喜びしていました。

ちなみに『工作図鑑』でも、作りたいなと思ったけど作らなかったものがあります。それは、牛乳パックで作る筏です。子どもが乗ることができる大きなものなので、プールや川などに浮かべなくてはなりません。プールには持ち込めないので、川でということになりますが、やはり川は危ないです。出来上がって遊ぶとかなり面白そうでしたが、水の事故が起きると怖いので、これだけは作りませんでした。

テレビは見ないけど　テレビの人気キャラは知っていた

わが家ではテレビを見せませんでしたが、付録がほしくて『テレビマガジン』や『めばえ』、『小学一年生』などを買っていましたから、流行っていたものは知っていました。

息子たちが幼いときの戦隊ものは「オーレンジャー」。テレビで見ていなくても、付録のオーレンジャーを作るときには盛り上がりましたね。まだ2、3歳でうまくできないところも多いので、私がかなり手伝いました。

あるとき、息子たちが一斉に昼寝をしたので、寝ている間に付録を全部私が作り、部屋の周りにきれいに並べておきました。子どもたちが目を覚ますと、ずらりと並んでいる完成品に「ウワーッ！」とすごく喜んでいました。

徐々に難しい課題に取り組むことを学ばせる

折り紙や工作は、1つ完成すると達成感があり、次のものにチャレンジしたくなるので、簡単なものから順番に作るのがコツです。

特に順番を気にしなくてもいいのですが、折り紙や工作の本は、はじめのページは簡単な物でも、ページを少し飛ばすだけで急に難易度が上がります。そうなると、子どもも親もお手上げ状態になって、「もうや〜めた」となってしまいます。**順番にコツをつかみながら難易度を上げると、かなり難しいものにも挑戦できるようになるのです。**

私は折り紙をたくさん用意して、写真つきの本を見ながら、子どもたちと一緒に折りました。折り紙の本の1ページ目は山折りだけですが、本のページを進めるうちにだんだんと難しくなり、複雑になってくると、私も少し面倒になりました。

長男が5歳、次男が4歳、三男が2歳のときだったと思いますが、長男は手先が器用で、本の最後に出てくる難しい恐竜も丁寧に折ることができました。弟たちはまだうまく折れないから、お兄ちゃんに「恐竜を折って」とせがみ、長男は弟たちの分も折っていました。

問題集と同じだと思うのですが、工作が少しずつ難しくなっていくので、1個できるたびに達成感があったようです。子どもたちにとっては征服していくような感覚があったようで、みんなで工作を楽しみました。

歌いながらできる理想的な遊具

あやとりは私が子どもの頃にやっていたし、子どもたちの小学校でも流行っていたので、みんなでやることにしました。細い毛糸だとやりにくいので、くさり編みでちょっと太めのひもを作って、全員分を用意しました。毛糸の色を変えたりして、み

んなで遊んでいました。

2人で取り合うのも面白いのですが、1人あやとりも楽しいですよね。子どもたちは、教え合いながらいろいろな技に挑戦していました。

私が子どもの頃にやっていたゴム跳びも、家の中でやりました。ゴム跳びとは、輪ゴムをどんどんつないでひものようにして、子どもたちに両端を持ってもらって、飛び越すという遊びです。なんと言っても輪ゴムなので、伸びるし、引っかかっても痛くないという優れものですが、最近は遊んでいる子を見なくなりましたね。

ジグソーパズルや折り紙、工作などは、完成したときに達成感と征服感があります。このコツコツ**やり続けて達成感と征服感を味わう経験**は、今思えば受験勉強に通じるものがあると思います。

POINT

昔ながらの遊びは、理解力や忍耐力、持久力など、将来受験勉強に必要な力を高めます。

ラスボスのハンモック

前述のように、『工作図鑑』の工作は、ページを進めるごとに難易度が上がっていきます。はじめのほうは、材料はそこまで必要ではなく、簡単にできますが、後ろのほうになってくると、材料が多くて作り方が複雑な、水の上を走るボートなども出てきました。

最後の工作が何か気になるので、「ラスボスはどんなのかな」と、子どもたちと一緒に本を見たら、ハンモックでした。みんなそれを見て、「いいな〜」と言っていましたが、さすがに幼児が作るのは無理なので、「大きくなったら作りたいね」と、ラスボスのハンモックを作ることがわが家の目標になりました。

長男が通った小学校では3年生の夏休みに自由研究があるので、そのときに作ることにしました。

まずは材料集めです。ホームセンターで丸い木の棒を2本買って、穴を8

『工作図鑑』（木内勝・作／田中皓也・絵）福音館書店

つ開けてもらいました。網になるロープも大量に購入し、指定どおりの長さに測って切ってまとめておきました。

続いて、各穴にロープを通し、棒を鴨居に引っかけました。そうするとロープが簾《すだれ》のようになって、作業がしやすくなります。そこから、本に書かれている通りに編んでいきました。その様子は、まるで漁師さんが漁網の手入れをしているようでした。毎日上から少しずつ編み、編めたら上に巻き上げ、残りのロープを垂らしました。

長男が編んでいるのを見て、年子の次男が「僕もやってみたい」というので、少しやらせました。毎日毎日コツコツと編んでいたら、2週間ぐらいで、ついに完成しました。

夏休み明けに学校に持って行くと、面白い自由研究に選ばれて、全校生徒の前で発表しました。2人の先生が両端を持って、「乗ってみて」とおっしゃったので、長男が乗ったところ、結び目が当たって、結構痛かったそうです。人が乗るからちぎれないように、普通の結び方ではなく、ゴツゴツした頑丈な結び方になっていたのですね。

佐藤家で作ったハンモック

長男が1歳半の頃から『工作図鑑』でたくさんの工作にチャレンジし、ついに小学3年生でラスボスを攻略しました。すでに本はボロボロでしたが、ついに憧れのハンモックが完成し、感慨深いものがありました。そのときのハンモックは、今も大切にとってあります。

みなさんもぜひ、親子で『工作図鑑』に出てくる作品を作ってみてください。

CHAPTER

4

勉強習慣が身につき、言葉の貯金も増える家の中の「環境」整備

何を置き、何を取り除くか

1

家を文化的にするのはお母さんの役目

リビングに置いてあるもので子どもの人生が決まる

子どもは家の空気感で育ちます。ということは、リビングに置いてあるものの影響を受けるということです。いつもゲームの音しか聞こえないリビング、漫画しか置いていないリビング、本と新聞があり、ページをめくる音が聞こえるリビング、お母さんと子どもが絵本のあらすじについて話しているリビングなど、いろいろあります。それぞれのリビングでどのような空気感がかもし出されるのか、想像に難くないですよね。

子どもは生まれた家から当分の間出られませんから、その家の空気感が子どもを作り、その家の文化になるということです。

まず、子どもたちが自分の手で取れる高さに絵本を置いておいてください。わが家も、リビングを取り囲むように二段の低い本棚を設置して、絵本を置いていました。子どもたちが幼い頃から、本が非常に身近にある環境にしていました。

よく**「子どもが本を読まない」と嘆く親御さんがいますが、自分も読んでいないことが多いです。**子どもに「○○しなさい」と言う前に、まずは親が率先してやっている姿を見せましょう。リビングにたくさん本を置いて、親が本を読む姿を見せれば、子どもも自然に本を読むようになります。お母さんが忙しくて、本を読む暇がなくても、とりあえず置いておくだけで効果があります。

やはり、親がしていることを、子どもはいつも目にしています。自分がやる場合にかなりハードルが低くなって、取りかかりやすくなります。

私は料理が好きで、よく料理の本を買って、いつも見ていました。すると子どもたちも料理の本を見て、「これ作って」とリクエストしたり、作ってほしい料理があると付箋をつけたりしていました。そのためだと思いますが、わが家の子どもたちは全

員、料理をするのも食べるのも好きです。

家の中に絵本を読み聞かせる声や童謡を歌う声が日常的にあると、文化の香り高い家になります。いろいろと難しいことを考え悩むぐらいなら、ひとまず絵本を部屋に置いて、童謡を歌ってあげることから始めてみてはいかがでしょうか。

無口で読み聞かせをしないお母さんの子どもよりも、読み聞かせをして、日頃から子どもにたくさん話しかけるお母さんの子どものほうが、言葉が早いし、よく喋るようです。**お話があまり得意ではないお母さんも、絵本の読み聞かせなら気楽にできますし、絵本を読み終わったあとに、子どもとの会話がはずみます。**

お母さんは、「家の中の文化」なのですから、そのことを自覚して、絵本を読み聞かせ、童謡を歌ってあげましょう。

『美味しんぼ』に影響されたわが子

私は、昔から漫画はあまり読まないので、ほとんど買うことはなかったのですが、『美味しんぼ』だけは、食生活を考えるときにもすごく参考になるので、第1巻から揃えていました。長男が生まれる前からずっと読んでいて、かなりの冊数を揃えていましたが、子どもが生まれてからは読む暇がなくなったこと、子どもには漫画は見せないという方針だったので、すべて2階の部屋に隠していました。

長男が中学2年生になった頃、食べ物について考えてほしかったこともあり、リビングに4冊ぐらい持ってきて置いてみました。そうしたら、7歳の娘も含め、みんなが夢中で読んでいました。食に関するウンチクがいっぱい入っていて、面白かったのでしょうね。日本の食糧事情や自給率、ポストハーベスト農薬など、さまざまなことを知ったと思います。

『美味しんぼ』の中の料理を集めたレシピ本は、わが家の料理を作るときの参考にして、実際にかなり作りました。『美味しんぼ』に出てくる料理は、最高級の食材を使って作るので、私は「普通の食材で作った『美味しんぼ』の料理です」と言いながら食卓に出していましたが、「食材は普通でも、おいしい！　さすが『美味しんぼ』のレシピだね」と子どもたちは大喜びでした。『美味しんぼ』や食べ物の絵本の影響で、子どもたちは料理を作ったり食べたりすることが好きになりました。

ちなみに、主人は『ゴルゴ13』が好きで、かなりの冊数を持っていましたが、子どもの教育にはいまいちだと思って、子どもが生まれる前に全部捨てました。後になって、『美味しんぼ』が気に入っている子どもたちを見て、『ゴルゴ13』を残して『美味しんぼ』を捨てていたら、子どもたちは今頃スナイパーになっていたかもしれないねと主人と笑ったものです。子どもはそばにあるものに影響されますから、気をつけなくてはいけませんね。お母さん、お父さんの好きなものが今の小さな子どもたちに適当なのかをよく考えて、リビングにものを置いてください。子どもが大きくなってもういいかなと思ったら、また違うものを置いたらいいのです。

リビングの環境は子どもへの影響大。置くものは厳選しましょう。

2 子どもの前でスマホは見ない

「うちの子がスマホばかり見ている」理由は実は……

講演会のあとにいただくご質問に多いのが、「中高生の子どもがスマホを手離さないので困っています」「受験が近づいているのに、スマホゲームに熱中していて全然勉強しません」という、《スマホ》に関するお悩みです。最近は本当に、スマホの悩みは深いです。スマホのあの小さな画面に、子どもたちの大切な時間と人生がヒューッと吸い取られていくのが目に見えるようで、怖い話です。

お母さんの悩みはよくわかるのですが、一方で、**そうなったのは「スマホに熱中す**

る母親を見て育ったから」というケースも少なくありません。お母さんも今や、スマホなしでは成り立たない生活になっていますものね。でもお母さんやお父さんが便利に使うのとは違って、子どもの場合、完璧に依存してしまって人生を潰しかねないし、目をはじめ体に支障が出てしまいますので、影響は計り知れないものがあります。

スマホに関しては、ずっと手離さない子どもが悪いような感じがしますが、よく考えてみるとそのスマホは親がお金を出して買ってあげたもので、月々の通信費は親が払っているのだから、**100パーセント親の責任**ということになります。小さなときから、スマホなどの利用を野放しにするのは考えなければならないと思います。

3歳まではスマホを子どもから遠ざける

以前、電車の中で、生後4カ月くらいの赤ちゃんを連れたお母さんを見かけました。そのお母さんは、ベビーカーに赤ちゃんを寝かせて、赤ちゃんの指を持ったり揺すったりしてあやしていました。周りには年齢の高い方が多かったのですが、その赤ちゃんが可愛くて、みんなで孫を見るようにニコニコして見ていたのです。

しばらくしたら、赤ちゃんがぐずりはじめました。周りはあらあら、という感じで見守っていて、私も周囲の人たちも、そのお母さんはベビーカーから赤ちゃんを抱き上げてあやすと思いました。ところが、そのお母さんは、スマホを取り出して操作し、いきなりその画面を赤ちゃんの目の前にさし出したのです。赤ちゃんの目から4～5センチくらいの近さだったと思います。動画か何かを見せたのだと思いますが、赤ちゃんは少し機嫌が直ったようでした。

スマホの画面を赤ちゃんの目にサッと近づけたとき、周りの人たちは一瞬凍りついたようになりました。私も、息を飲みました。それからみんな、見てはいけないものを見たような顔をして目をそらせました。でも、その赤ちゃんはすぐにその画面に飽きたらしく、またぐずり始めたので、お母さんは、今度はベビーカーから赤ちゃんを抱き上げて膝に乗せ、あやし始めました。

私は、その一部始終を見ていたのですが、最後にお母さんがスマホをカバンにしまって赤ちゃんをあやしている姿を見たときの、他の乗客のみなさんの心からホッとした顔が忘れられません。

その間、誰1人お母さんに声をかけることはせず、見守るだけでしたが、乗客のみなさんの気持ちが、手に取るようにわかりました。私は「**これが今噂の、スマホ育児なんだ**」と驚くとともに、あの赤ちゃんの目や大きくなったときの発語などが心配になりました。世の中は、もうこんなことになってしまっているのだと愕然としました。

〈**スマホ育児**〉は楽ですが、子どもに及ぼす害が大き過ぎます。私が子育てをしていた頃は、〈**テレビ育児**〉がありました。ご飯を作っている間、テレビの前に子どもを座らせておけば、子どもは静かにしているので、楽だと言っていたのです。

確かに、そのほうが料理はしやすいです。ところが、それが毎日の習慣になっていきます。家事というものは、1つすませても、次々とやることが押し寄せてきます。料理のときに「ちょっとテレビを見ていてね」と、テレビ育児にすると、掃除のときも、洗濯のときも、洗濯物を干すときもたたむときも、玄関を掃くときも、庭の水やりをするときも……。**子どもは永遠に、テレビの前から離れられなくなります。**

私が子どもにテレビを見せなかったのは、見せたくなかったということもありますが、自分が〈テレビ育児〉に陥らないようにするためでもありました。毎日の家事は大変なので、近くにテレビがあるとつい「見ていてね」となるのが怖かったのです。

人間は、楽なほう、楽なほうへと、必ず流れていきます。それを阻止するために、テレビを遠ざけました。そのような環境を作ってわかったことは、テレビがなくても、家事は十分できる、ということです。

だから、今の時代、家にいるときは、**お母さんは子どもが起きている限りは、絶対にスマホは見ない、電源を切ってどこかにしまっておく、**というように覚悟を持って、強硬手段を取るべきでしょう。

特に3歳までは、一切スマホを見せないでほしいと思います。いつか、もっと大きくなった子どもを見て思いますよ。3歳までの日数は1000日ほどですが、なんと短く、そして光り輝くような大切な日々だったのだろう、と。

いつから与える？どう渡す？

スマホを何歳から子どもに持たせるかは、現代の親の悩みです。危ないサイトにいかないだろうか、スマホが手放せなくなるのではないだろうか、でも持っていないと仲間ハズレにされるのではないかと、いろいろ考えてしまいます。

子どもにスマホを持たせる場合には、中学生になるまで待ったほうがいいと思います。わが家の長男、次男が中高生のときにはガラケーでしたが、三男は高校1年生、長女は中学1年生のときにスマホを買いました。

そして、与えるときには、使い方を決めて渡したらいいのではないでしょうか。

息子の同級生が高校1年生の頃に、ガラケーのゲームやネットサーフィンに熱中してしまいました。使用状況をチェックしたお母さんに、「これではあなたの人生が潰れてしまう！」と言われ、目の前でガラケーをパキッと折られたそうです。それで子どもはゲームをやめることができ、現役で東大に合格しました。

別のお友だちはスマホにはまってしまいましたが、その子のお母さんは、スマホに五寸釘を打ち込んで、息子のスマホ依存症を止めたそうです。

スマホの画面ではなく子どもの顔を見てあげて

最近の若いお母さんは、幼い子どもにスマホを与え、自分もスマホに夢中になっていることが多いようです。ひどいケースでは、幼稚園児と小学1年生の女の子に、朝、コンビニのおにぎりを食べさせて、その間、自分はスマホでSNSを見ているそうです。**小さな子どもがそばにいるのに、親は子どもを見ないで、スマホの画面を見ているという**光景も、よく目にします。

また、親子ともにスマホを見ているケースも見かけます。可愛いお子さんと過ごせる貴重な時間なのですから、お子さんの目を見て、お子さんと向き合い、会話をすることは大切です。

6歳までのお子さんを持っている方は、SNSなどは、もっと子どもが大きくなってからにしませんか。確かにSNSは育児情報などの交換に役には立ちますが、子どもの前では絶対にやらないと決めておいたほうがいいです。どうしてもやりたいのなら、子どもが寝た後にしましょう。

POINT

子どもにスマホを見せるのはリスク大。お母さんもわが子の前では控えましょう。

SNSで国語力は高くなるか？

メールやSNSが登場したことにより、それ以前に比べ、人は文字を多く読み、自分でも書くようになったと言われています。これは果たして国語力の向上につながるでしょうか。私は残念ながらそうは思いません。

SNSをやっている人たちは、長い文章は書かずに、言葉を省略したり、スタンプを押したりします。考えて言葉を紡ぐ作業をしないで、省略ばかりしていたら、頭の中が単純になってしまいます。それは、かなり危険なことなのです。人間の感情は単純ではありませんから、友だち同士や仕事仲間の間でも複雑な言葉を使って表現し、お互いに理解し合うことが大切です。

SNSではやり取りできても、直接会ってコミュニケーションを取るのは苦手だという人も増えているようです。会社の辞表をLINEで送る話を聞いたときには驚きました。実際に会うと、相手の表情や口調などで気持ちを汲みとれますが、文章だけだと読み間違えてトラブルになることもあります。

さらに、SNSなどで省略した言葉ばかり使っていると、語彙力がなくなり、短い言葉しか喋ることができなくなるようです。

先日、買いものをしていたとき、男子4人、女子3人の大学生のグループが前を歩いていました。ある女子は、誰が何を話しても、「え？　やばーい」しか言わないのです。その子は、ずっと「やばい」しか言わず、結局何十回言ったかわからないくらいずっと、その一言だけ連呼していました。それぞれの話に対して、複雑な感情や感想を持つはずなのに、すべて「やばーい」の一言ですますなんて、大学生なのに語彙力がなさ過ぎです。人間はそんなに単純ではないはずです。

やはり、幼い頃からどれだけ言葉に親しみ、たくさんの言葉と友だちになったかによって、大人になったときの語彙力に差が出るのだと思います。このような子は、就活のとき中身がないのがバレてしまうでしょうね。そのような人間は、会社には必要ないですから。

以前は、「やばい」はマイナスイメージでしたが、現在はプラスイメージ

のこともあれば、マイナスイメージのこともあります。今は、良くても悪くても「やばい」ですませる人がいます。その人の体の中に入った言葉で思考しますから、少ない言葉では単純なことしか考えられないことになります。さまざまな言葉をインプットしていないから、アウトプットできないのでしょう。この時代だからこそ、幼児期に「言葉のシャワー」をたくさん浴びせて、「言葉の貯金」を貯めてあげることは親の大切な役目なのです。

またスマホの情報で気をつけたいのは、デマも多いということです。「この情報は本当だろうか?」と深く考えない人たちによって、デマが拡散されていくことも少なくありません。情報を鵜呑みにせずに、新聞や本などでしっかりと情報を収集し、スマホの情報の真偽を検証する習慣を身につけることも必要です。

3 テレビは家のリビングから撤去する

きれいな言葉、見せたい場面だけを期待することができない

テレビ番組の中にも、レベルが高い優れた番組はあると思います。でも、それだけを見るというのは非常に難しく、リビングに置いてあるとつい他の番組も見てしまうのが人間の性というものでしょう。そうなると、美しい日本語だけではなく、スラングも耳にすることになります。私は、そのような言葉は幼い子どもにはいらない、と思いました。

また、バラエティ番組で水をかけたり、バケツで叩いたりして笑いを取るような行

為も、大人には仕事でやっているとわかりますが、小さな子どもたちはわからずに真似してしまう危険性もあるので、見せたくないと思いました。

絵本の世界では、たとえ登場人物が途中で喧嘩したとしても、最後には仲よくなったり、助け合ったりします。そういう心温まる世界だけを子どもたちに味わわせたいと思い、特に子どもが3歳になるまでは、本当に気をつけましたね。

テレビから流れてくる言葉は美しい日本語だけではないため、好ましい言葉のシャワーにはなりません。それに、一方的に言葉が流れてきますので、言葉がBGMのようになってしまいます。よどみなく言葉が流れてきて、「間」がないため、行間を考えるような作業はできません。

やはり、子どもの語彙力を増やそうと思ったら、子どもの目を見ながら話したり、絵本を読んであげたり、童謡を歌ってあげたりするような、**地道でアナログなことが何よりも大切なのです。**育児をテレビに任せて、子どもが夢中になるようなテレビ番組を見せておけば、親は楽ですが、やはり、楽なものには毒があると思ったほうがいいです。

今振り返れば、親が楽できるものは子どもにとってはよくないものが多く、親がちょっと大変だなと思いながらやったことが、子どもたちの役に立ったように思います。

私が「テレビ断ち」できたきっかけ

私は、子どもが生まれる前までは、意外とテレビ好きでした。テレビがリビングにあるときには、気軽に見ていました。テレビを2階に移動させてからも、子どもが寝ていたら少しは、それまで見ていたドラマの続きを見てもいいかな、くらいに気楽に考えていました。

でも、長男が生まれて2カ月ぐらいのときのこと。新聞のテレビ欄を見て、大好きな松本清張の2時間ドラマがあることを知り、それまでずっとテレビは見ていなかったのですが、絶対に見たいと思いました。

長男を1階に寝かせて、長男が起きて泣き始めたら声が聞こえるよう、部屋のドアを開けたままにして、階段をそーっと上がりました。出入り口に近いところに座って、階下の音に耳を澄ませながらドラマを見ていると、ほどなく長男の泣き声が聞こえてきました。急いで階段を下り、おっぱいをあげて寝かせたら、またそーっと階段を上がる。ずっと、何分かおきにその繰り返しです。

長男は、私がそばにいないのを感じるのか、すぐに目を覚ましてしまいました。そのうち、ドラマのストーリー展開についていけず、結局、誰が犯人で動機やトリックは何だったかなんて、わからなくなりました。

ふと我にかえり、何度も忍び足で階段を上ったり降りたりしている自分に気がつくと、「私、何をしているんだろう。そこまでして見たいのか……」と情けなくなりました。この一件でテレビを見るのをきっぱりとやめ、その後10年間ぐらいは、まったくテレビを見ませんでした。

そのときのことを大きくなった娘に話したら、「抱っこして見たらよかったんじゃないの?」と言われました。なるほど、その手があったか、と思いましたが、そのことには一切思いつかなかったのは、当時の私の「子どもの耳に、テレビの音は入れない」という決心が相当固かったからだと思います。心に決めていたから、息子を抱っこしながら、自分がテレビを見るなどという考えは思いつきもしなかったのです。

十数年もたって娘から言われてはじめて気がつくなんて、私も長男を育てるのにあたって、相当一生懸命だったのでしょう。若かりし頃の話ですね。

親が楽なものは、子どもにとって毒です。テレビ育児は避けましょう。

キムタクを知らなかった10年間

それぞれの子どもが3歳になるまでに童謡1万曲、絵本1万冊という目標を持つことにしましたので、長男と7つ離れている長女が3歳になるまでの約10年間は、聴く音楽といえば童謡でした。

だから、長男が生まれた年の1991年からの約10年余りの間に流行った曲は、まったく知らないと言っていいと思います。今でも、テレビで昔の曲が流れているときに、「この曲は全然聴いたことがないなあ」と思ってヒットした年を見るとこの空白の十余年間にすっぽり入っているのです。

長男の中学受験が終わるまでは、長女が小さかったこともあり、歌謡曲はほとんど耳にしなかったし、この間にヒットした曲やデビューしたグループ、歌手のことは、見たことも聞いたこともありませんでした。子育てに忙し過ぎて、「あのときには童謡しか聴かなかったんだ〜」と今、改めて感心します。

そのため、1991年9月にCDデビューしたSMAPのことも、10年以上知らなかったのです。

当時は忙しい中でも、新聞だけは毎日読んでいました。新聞を読んでいると、いろいろなジャンルの記事に「キムタク」というカタカナの4文字をよく目にしました。私は何かの名称かなと思いながら、いつも読み飛ばしていて、「キムタク」がずっとわからなかったのです。「木村拓哉さん」って書いてあれば、人名だとわかったのですが……。今考えたら、極端な状態ですね。

10年ぐらいたって、家族で大阪に出かけたときに、はじめて「キムタク」の謎が解けました。新大阪の駅から階段を降りて外に出ようとしたとき、目の前の道路を隔てて向こう側に大きな立て看板が立っていました。そこに、木村拓哉さんの大きな顔写真とその横に、「木村拓哉・キムタク」と書かれていたのです。そのときはじめて、「キムタク」というのは、木村拓哉さんの愛称だとわかったのです。私は長い間の疑問が解けてすごくうれしかったです。ずっと、「キムタク」って何だろう、と疑問に思って、新聞を読むたびに心に引っかかっていましたから。

浜崎あゆみさんも、新聞に「平成の歌姫」と書かれているのは見ていましたが、歌を聴いたことはありませんでした。長男と次男が灘中に入学して、余裕ができた年の末、NHK紅白歌合戦ではじめて彼女の歌を聴きました。「3歳までに」という目標を立てていたとはいえ、我ながら、徹底していたと思います。

4 ゲームも家から締め出す

「時間を決めて適度に遊ぶ」のは無理

さすがに0歳ではゲームで遊ぶことはできませんが、3歳くらいになると十分に楽しめるようになります。わが家ではテレビと同様、ゲームも禁止にしました。ゲームに関しては、私も長男が生まれる前に、よく考えることにしました。それで、ゲームについて書かれた本を読んで自分なりに考えをまとめ、「ゲームはさせない」という結論を出しました。

当時は、今ほどインターネットは進化していなかったので、ゲームといえばテレビ画面につないで遊ぶ形式のものでした。当時、ゲームに関する考え方は、肯定派と否定派に分かれていました。

肯定派の意見は、(1)これから、コンピューターが発達していくに違いないから、小さいうちから慣れさせておく必要がある。(2)手先が器用になる。(3)みんながするのにさせないと、学校で話が合わず仲間外れにされるし、いじめられる、というものです。

一方、否定派の意見は、(1)テレビ画面ばかり見て目が悪くなる。(2)勉強をしなくなる。(3)家の中で、子どもたちがそれぞれやりたいゲームをするには、1人1台のテレビが必要となる。(4)子どもがゲームをしているときは、親はテレビ番組が見られない、などでした。

肯定派の(1)の意見は、ある識者が「コンピューターはどんどん進化するから今の形に慣れても実際には役に立たない。それに、今の時代でもっとも進んでいるコンピューターは、パチンコの台に使っているもので、最新のコンピューターを使えるからといって賢くならないのは明らかだ」というコメントを出していて、私は面白い考えだなと思いました。

否定派の(3)ですが、驚くことに、子ども部屋に1台ずつテレビを買ってあげている家庭もあったのです。

それぞれの意見が、今のスマホのゲームにも共通することが多いですね。当時も多くの親は、子どものいうことに押し切られてゲームをさせていました。これも、今と変わらないですね。

私は、小学生の間は自分のときのことを考えると相当未熟な子どもであり、子育てが終わる18歳までは、ゲームはいらないだろうと考えました。子どもには「ゲームはさせない」ことにしたのです。

1980年代に家庭用のテレビゲーム機が発売されてから、携帯ゲーム、スマホなど、子どもが1人で遊べる商品が次々と販売されました。長男が幼い頃はファミコンが流行っていて、2～3歳ぐらいからファミコンでゲームをさせていたご家庭もありました。

よく、**「時間を決めてやりましょう」という話を聞きますが、あれはまず無理です。**ゲームをやめる時間がきても、ちょうどゲームが佳境でいいところだったらやめられませんよ。それは大人だって同じです。ゲームは面白くて中毒性がある底なし沼ですから、途中でやめられたら苦労はしません。

2018年には、**WHO（世界保健機関）が、ゲーム依存症は病気だと認定しました。**私は「やっぱりね」と思いました。小さな子は、脳をはじめ、目などの感覚器官はまだまだ発達している途中なので、守ってあげないといけないのです。病気ということは、自分では治せないということですよね。大人が助けてあげないと、大変なことになります。

大人は、仕事の疲れを取るためにゲームを利用することはできますが、小さな子どもたちは、「利用」するということができないのです。

序章で「三つ子の魂百まで」の話をしましたが、3歳までに何で遊ぶかはとても重要です。今までお話ししてきた絵本、童謡、ジグソーパズル、トランプ、折り紙、工作、あやとりなど、**刺激は強くなく、しかし、深く考える必要がある遊びで遊ばせましょう。**

幼い子どもにゲームをさせないためには、家にゲーム機を置かないこと、スマホを持たせないことが大前提です。わが家では次男の中学受験が終わり、末っ子の長女が小学生になるまで、ゲーム機は買いませんでした。ちょうどその頃ニンテンドーDSが流行っていて、長男と次男は中学生になっていたので購入しました。みんなでマリ

オカートなどをやって遊びましたが、かなり盛り上がって楽しかったです。

結局、長男と長女はあまりゲームに興味を持たず、次男と三男は通学の電車の中でゲームをやっていました。家でやると、けじめなくやり続けるのがわかっていたので、家ではやらないように決めていました。

スマホで遊ばせて子どもを静かにさせることの落とし穴

最近は、ファミレスや電車の中などで、まだ小さな子どもにスマホゲームをさせているのをよく見かけます。静かにさせるために、赤ちゃんに動画を見せていることもあります。子どもは本来騒ぐものだから、ずっと静かにしているのは異常事態だと思わないといけません。

公共の場で騒がないようにさせるのには、ちょっとした工夫とコツが必要です。静かにしなくてはいけない状況では、お気に入りの絵本を何冊か持っていくのはどうでしょうか。日頃、よく絵本を読んであげていると、おとなしくできますよ。

あちらこちらで、ゲームに頼らない子育てをしておかないと後々、ゲームでしか言うことを聞かなくなるから大変です。

ちなみにわが家は、そもそも公共の場にはできるだけ行かないことにしていました。どうしても、よその方に迷惑をかけることになりますので、ファミレスにはほとんど行きませんでした。デパートもなるべく避けていたし、交通機関はほとんど使わず、車で移動していました。

ときどき、美術館などに入れないともめているニュースを見聞きしますが、やはり、小さな子は他の大人に迷惑をかけるし、そんなに小さいときに連れて行っても覚えていませんから、あまり無理はしないことです。

「時間を決めてゲームをする」のは無理です。小さい頃はゲームを禁止に。

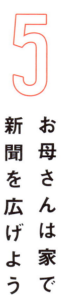

5 お母さんは家で新聞を広げよう

広げているだけでも家が活字であふれる

読解力をつけたいと思うとき、多くの人は本を読もうとします。しかし、本は1つのテーマで書かれている場合が多く、全体的な意見を理解するには最後まで読まないといけないので、かなり時間がかかります。他のテーマについて知りたい場合、別の本を読まなければならず、忙しいお母さんにとっては時間的に難しいでしょう。

いろいろなテーマについて新しい情報を得ることができて、しかも、短くまとめられていて簡単に読めるのが〈新聞〉です。最近は、新聞を購読する人が減ってきているようですが、お子さんが幼いときから、**親が新聞を読んでいる姿を子どもに見せてほしい**と思います。

新聞は新しいものが毎朝届けられます。わが家は、夜中の3時半くらいにバイクの音がして、玄関のポストの中に新聞を入れて行ってくれます。子どもたちの定期テストの前など、一緒に夜遅くまで勉強していると玄関で「カタン」と音が聞こえるのです。その音を聞くと「もう、3時半になったんだね、寝ようか」と言ってみんなでお布団に潜り込んだものです。

毎朝、新聞の一面に大きく載っている見出しを見て、親がそれについてああだこうだと子どもに話しかけることは大切です。親が新聞を読んでいる姿を見て育つと、子どもにとって新聞が身近なものになり、新聞を読むことに対するハードルが下がります。新聞は、一番身近で便利な、いわば、〈活字のカタマリ〉なのです。親が活字を楽しんで、言葉を使うという姿が大事です。

私は、子どもたちがリビングで勉強しているときには、いつも近くで新聞を読んでいました。子どもに声をかけられたときに、読んでいるものが本だと「いま犯人がわかりそうで面白いところだから、ちょっと待って」となりかねないのですが、短い記事が集まっている新聞なら、すぐに読むことを中断して子どもに対応できます。

新聞のもう1つのいい点として、広げると、畳1枚ほどの大きさになることがあげられます。大したことではないようですが、実は結構重要で、たとえて言うと、畳1枚分の大きさの活字の文化が物理的に家の中に広がっているようなものです。こたつの上に広げて読むときには、こたつの上がすべて活字の世界になります。

小さな文庫本を1人で読むより、新聞を広げることで、家の中に活字が広がるほうが活字のシャワーを浴びることができます。面白い記事を見つけて子どもたちに声をかけたときに、新聞を広げれば、子どもたちが周りに集まって、みんなでその記事を読むことができるので、結構盛り上がりますよ。

新聞を読む子は成績もよくなる

幼い頃から家庭にいつも新聞があると、子どもも新聞に興味を示すようになります。国語の点数に結びつく読解力は、子どもの精神年齢を上げることが大切ですし、何よりも**自分たちが生きている世の中に対して興味を持つために時事問題の知識は必要で**

す。

最近は、「見れる」「食べれる」などの「ら抜き言葉」を使う人が多く、テレビを見ていると、ほとんど「ら抜き言葉」を使っているのが残念です。言語というものは、変化していくものだとは思いますから、ある意味仕方がないと言えるかもしれませんが。

しかし、テロップを見ると、音声にかかわらず「見られる」「食べられる」と流れるので、日本語に対する良心がまだ残っているのが確認できて、いつもホッとします。

新聞の場合、正しい日本語を使っているので、読むだけで正しい言葉を覚えます。漢字にも親しむことができますから、国語の勉強にも役立ちますよ。

子どもたちが通った中学受験塾・浜学園では、小学5、6年生のときに四字熟語がテストに出ました。子どもは普段の会話では四字熟語を使わないので、私が語源から説明しても、なかなか覚えられません。子どもたちは、なかなか覚えられないものだから、面倒くさくなって「四字熟語なんて、本当に使っているの?」と文句を言いました。

私は子どもが学校に行っている間に、新聞のスポーツ欄を見て、四字熟語が出ている箇所に油性ペンで赤い丸を大きくつけておきました。スポーツは勝負の世界だからか、我田引水、臥薪嘗胆、先手必勝、背水之陣など四字熟語がたくさん出ています。それを見た子どもたちは「お〜、マジで使っている！」と喜んでいました。

子どもたちはスポーツが大好きなので、イチローさんの打率が3割5分を超えていたときに、新聞記事を見せながら「3割は10打数のうち3回ヒットを打っている」ことだと説明したうえで、「でも、イチローさんは、『すごいって言われるけど、僕も10打数のうち7回は打っていない』って言っているよ」と話すと、子どもたちも、「あ、なるほど。何割何分っていうのは基本的に10が単位で、1割は10分の1で……」と、再確認できたようでした。

算数の「割合」が苦手なお子さんが多いと思いますが、野球の打率などで話をすると、急に身近に感じてわかりやすくなります。

学校の授業では覚えにくい項目も、実際に使われているのを見ると、「難しいけど、やはりしっかりと覚えないといけない」と思うようですね。**学校で学んでいることが実際に使われているのを子どもに見せることはすごく大事なのです。**子どもには、毎日学校で学んでいることは、テストや点数のためだけではなく、リアルな社会で実際に使われているからきちんと理解しておかなければならないのだと、身に染みさせることです。

娘が小学6年生のときは民主党政権で、菅直人さんが首相でした。菅直人さんの「菅」の字の部首は「たけかんむり」ではなく、「くさかんむり」です。でも、間違えて「たけかんむり」で書く子が多く、点数を落としがちな問題でした。わが家では、新聞の一面に「菅首相」と大きな文字で出るたびに娘を呼んで「ほら、くさかんむりだよね」と見せました。

当然、塾のテキストや教科書にも出ていますが、教材であるテキストや教科書の文字を何度見ても、新聞に大きく載っている現在進行形の世界につながっている記事の文字とでは、記憶の残り方が違うようです。娘は新聞で何度も見ていたので、テストで間違えることはありませんでした。

お母さんはリビングで新聞を広げましょう！　子どもの知識量がどんどん増えます。

6 新聞で親子の会話や理解が深まる

話しかけるネタとして重宝する新聞

「お母さんは子どもにたくさん話しかけましょう」とよく言われますが、「話しかける」ことの大切さは十分わかっているのですが、それは理想論のような気がします。

普段、子どもにかける言葉は、「ご飯を食べなさい」「お風呂に入りなさい」などの日常生活に関するものや「してはいけません」「早くして」といったしつけの言葉がほとんどですよね。**子どもと話すネタをたくさん仕入れないと、お母さんが子どもと「よく」話すのは無理なのです。**

でも新聞を読んでいると、普段興味のなかった分野の話題、自分が普段使わない言葉なども自然と目に入りますから、さまざまな分野について話をすることができます。3歳までだと、読み聞かせるのは絵本になりますが、毎日お母さんが新聞を読み、さまざまな分野の知識を仕入れることは、その後の子育てに大いに役立ちます。

子どもが小学生の頃、テストで「高齢化」社会と書かせる問題が出ました。子どもは授業で説明してもらっているのですが、わが家は、祖父母はいるもののそこまで高齢ではなかったので、ピンとこなかったのでしょう。穴埋め問題で「高齢化」と書かなければならないのに、思い出せずに点数を落としました。そんなとき、私が新聞で「年金でもめて、99歳の夫が92歳の妻を刺した」という記事を見つけました。「99歳のおじいちゃんが92歳のおばあちゃんを刺した、って新聞に出てるよ」というと、子どもたちが新聞の周りに集まってきました。「ママが子どものときには、99歳なんて仙人みたいだったけど、今はほんとに長生きになったね。医療が発達して高齢化社会になったんだね」と話すと、子どもたちは「お〜、そうなんだ」みたいな反応をして、「高齢化社会」ということをリアルに感じたようです。

子どもの生きている世界は、家と学校と友だちぐらいで狭い範囲ですから、世の中がどう動いているのかなんてなかなか感じることができません。でも、新聞は世の中のさまざまな出来事を伝えているので、子どもにとってリアルな世界への窓のようなものなのです。ぜひ、親が新聞を読んでいる姿を幼いわが子に見せてあげてください。世の中の出来事に対して関心を持てる子どもに育てていただきたいですね。

親の価値観が伝わる

私は、新聞を読みながら、感動した記事や腹の立つ記事を見つけたら、内容を子どもたちに説明し、そのことに対する私の感想や意見を話していました。後々聞いてみたら、子どもたちが3歳ぐらいのときに私が話したことも意外と覚えていて、「あのとき、ママは怒っていたよね」と言っていたこともありました。ときどきの親子のコミュニケーションになりましたね。

子どもたちは私の話を聞きながら「ママはこういうことに感動するんだ」「こんなときには怒るけど、この程度なら許すんだ」「こういうものが好きでいいと思っている」といったように私の価値観や許容範囲などを理解してくれていたように思います。

新聞の記事を読んで、「今はこうだけど、ママが子どもの頃はね……」と、そこから派生して、昔話もしました。長男に話した昔話を下の子どもたちにも同じように話すので、長男には「その話、もう100万回聞いたんだけど……」とよく言われました。でも、末っ子の長女が「私は聞いてない」ということもあるので、長男にそう言われても、めげずに何回も話しました。

私の価値観を理解していた次男

三男が小学3年生のときだったと思いますが、「ママ、僕はね、ちゃんと頑張って努力したんだけど……」と話し始めました。それを聞いた次男が三男を遮って「おまえ、そんなこと言うのはやめろ。『頑張ったけど結果が出なかった』って言うのがママは一番嫌いなんだよ。ママの逆鱗に触れるぞ」って大慌てで言うんです。そのときの次男の顔が大真面目でおかしかったですね。

私はずっと「頑張っても結果が出ないということは、頑張ったことにはならない。結果を出して、はじめて頑張ったと言える。結果を出してもいないのに頑張った、というのは何の意味もない。頑張ったというのは、あなたがそう思っているだけ。何かをするのに頑張るのは当たり前で、結果を出せるかどうかが問題」と言い続けていました。

私の考えが正しいかどうかはわからないけど、子どもたちには「ママの考えはこう。理由はこう」「あれは好き」「あれは嫌い」「こうは思わない」と、自分の好みや考え方などをはっきりと説明してきました。親子でも話さないと分かり合えないと思っているからです。

三男はまだわかっていなかったようですが、次男は私の考えをちゃんとわかってくれているな、と思いました。

母親の価値観は絶対ではない

子どもたちが小中学生ぐらいになったときに、「ママは本や新聞から得た情報や、人から聞いた情報、何十年間の経験をもとに意見を熟成させて、正しいと思うことを言っている」と伝えたうえで、次のように説明しました。

「ママの意見が世の中で一番正しいとは思っていない。他に正しい意見があるかもしれない。だから、みんなは20歳になったら、それぞれがママの意見を1回批判的に考えてみてほしい。子どもは、親の考えを無批判に正しいと思いがちだけど、それは、これからを生きていく人間としては非常に危険。一度、どっぷり浸って育った親という環境をまず否定してみる作業が必要だから、ママの意見を精査してみて、それは違うと思うものがあったら遠慮なくママに言ってほしい。ママも自分の考えを再考したいから」

自分が苦手なものや、自分の考え方がおかしいときに、そのルーツを探ってみたら両親だったということはあります。20歳になったら、自分なりのオリジナルな意見を持って前に進んでほしい。そう思って説明しておいたのです。

しかし、4人の子どもたち全員が20歳過ぎても何にも言ってきませんでした。「遠慮なく言ってね」とは言っておいたのですけどね。みんな、忙しいのでしょうか。私は、彼らの意見を聞くのを楽しみにしているのですが。

7 子ども部屋はいらない

「子ども部屋」に行くことは勉強のハードルになる

わが家は2階建ての一戸建て住宅ですが、子ども部屋は最初から作る気はありませんでした。長男が生まれる前から、「**子ども部屋は作らず、リビングに勉強机を置こう**」と決めていました。よく「リビング学習」といわれますが、あれは子ども部屋を作り、リビングの食卓でときどき勉強するというものです。

子どもが素直にリビング学習するのは、だいたい小学生ぐらいまでです。中学生や高校生になったら、「リビング学習しましょう」といっても、「いや、自分の部屋でする」みたいになることが多くて、うまくリビング学習できないだろうなと思いました。

子ども部屋を作り、そこに子どもがこもってしまったら、子どもの気持ちの変化に気づきにくく、勉強しているかどうかもわかりません。中学生、高校生になり、特に成績が低迷していたら、部屋から出てこなくなり、子ども自体がブラックボックスになってしまうかもしれません。

子どもが一体何を考えているのか、想像がつかなくなるし、声もかけづらくなって、受験についての話し合いもまったくできません。そうなると、親は子どもの生活や人生に責任を持てなくなります。

そこで、子どもが高校を卒業するまで責任を持って育てるのなら、**目が届くところでずっと子どもたちを見ていく必要があると思い、リビングを勉強部屋にしました。**みんなでリビングにいますから、どういう表情で学校から帰ってきたか、疲れてはいないか、何を考えているかなどを間近で見られます。また、キッチンで料理や洗い物をしているときにも、子どもたちの様子を見ることができます。

わが家の1階にはリビングと和室、キッチン、浴室があります。リビングで食事や勉強をして、子どもが小さいときには隣の和室で一緒に寝ていました。子どもたちが大きくなってきたら、まず主人が2階で寝ることにして、続いて私と長女も2階で寝るようになりました。3兄弟は生まれてから進学で家を離れるまで、ずっと1階の和室で一緒に寝ていました。

生まれたときから子ども部屋がなく、家族がいつも一緒の場所にいることが日常でした。小学生の頃、友だちのうちに遊びに行ったとき、子どもたちはよそのうちにはどうやら「子ども部屋」というものがあるらしいことに気がつきました。帰って来てから「子ども部屋があったら楽しいな」と言ったことがありましたが、子ども部屋を作らない理由を話したら、二度と言わなくなりました。

みんなが大学生になったときに、**「子ども部屋を作っていたら、勉強はしてなかったな。」**うちのリビングのレイアウトが一番よかったよ」と話していました。18年間で、それぞれ、いろいろなことを考えたと思いますが、私はいつも4人の子どもたちの様子が見られて楽しかったですね。

子どもが小さいときには、リビングには食卓となる大きなこたつだけを置き、公文式のプリントなどはこたつでやっていました。小学校入学が近づいたときに勉強机を買い、最終的にはリビングの東と西の壁に2つずつ壁に向かって勉強机を置きました。

みんなの生活は寝ること以外、全部リビングで完結していた、という感じです。

もしも2階に子ども部屋を作っていたら、みんながリビングでくつろいでいるなか、1人だけ勉強のために階段を上がっていかなくてはなりません。それは子どもにとって心のハードルが高く、つらいことです。

特に冬だと、リビングは暖かいけれど、階段や2階の部屋は寒いので、自分の部屋に入ったら、まずエアコンで部屋を暖めます。部屋が暖まるまでは机に向かう気にならず、ベッドに横になってスマホなどを見たりしがちです。このように、2階の自分の部屋に入ってから勉強机に向かうまで、時間がかかるのです。でも、お母さんは2階の様子はわからないから、2階に上がってからずっと勉強をしていると思ってしまいます。

わが家では、子どもが幼い頃には、ご飯を食べ終わって食器を片づけたら、食事をしていたこたつで勉強していたので、大移動なしに、すぐに勉強にとりかかることができました。ご飯のあとに同じ場所で勉強するのだから、全然ハードルが高くないのです。**日常の中に勉強が入り込むという感じですね。**

勉強は全員一斉にさせる

兄弟姉妹がいるとき、上の子だけ先に勉強させるご家庭もあるようですが、そうすると下の子が兄や姉の勉強の邪魔をしてしまいます。片方を勉強させ、片方を遊ばせていたら、遊んでいるほうがつい勉強の邪魔をしてしまうのは当然のことです。

弟や妹が兄や姉の勉強の邪魔をしないためには、勉強を〈同時刻スタート〉にすることです。わが家では、午後7時半に晩ごはんを食べ終わったら、「じゃあ、勉強するよ」という私のかけ声で4人全員が勉強道具を用意して、一斉に勉強を開始しました。寝転んでやってもいいことにしていたので、寝転んでやる子もいました。そして、勉強がすんだ子どもから静かに隣の和室に行くと決めていました。

一番下の長女が2、3歳のとき、長女にも「あなたは2枚ね」と言って、プリントを渡していました。お兄ちゃんたちと同じように、毎回自分にもプリントをくれるので、「私もちゃんと鉛筆を持ってやらなくちゃいけない」ということが、まだ幼い娘にもわかったようです。

長女は簡単なものが2枚だからすぐに終わるのですが、お兄ちゃんたちは難しい問題に時間がかかっているので、勉強の邪魔をしないように、そ～っと隣の部屋に行っていました。終わった子どもから1人ずつ抜けていっても、全員が終わるまでは、ここそ話で邪魔しないようにしていましたね。

子ども部屋は一切不要！ 勉強机はリビングに置いて、一斉に勉強を始めましょう。

子どものプライバシーはカバンだけ

家族がいつも同じ部屋にいるので、みんなが年中顔を合わせていて、家の中はオープンな空間でした。私はいつも子どもたちの様子を間近で見ていましたが、それぞれのカバンの中は子どもたちのプライベート空間と考えて、中学校からはなるべく中を見ないようにしました。

幼稚園のときは、さすがに母親が毎日チェックしないといけませんが、小学生になってからは、ときどきしかチェックしませんでした。たまにカチカチになった給食のパンを発見することもありましたね。

中学生になると、わが家では、カバンは各自の机の横に置いておき、朝になるとカバンを机の上に置いて、私がそれぞれのお弁当を入れることになっていました。毎朝、お弁当を入れるときだけカバンを開けていました。

中高生のとき、息子たちはリュックを使っていましたが、ときには外側のポケットにゲーム機らしき形状が見えていることもありました。でも、それは見なかったことにして取り立てて何も言いませんでした。わが家において、完全にプライベートな場所は、カバンの中だけですから、そんなことくらいは自由にさせておこうと思っていました。

基本的には全部オープンな環境にするのがわが家の流儀ですが、最低限度のプライベート空間は守り続けてあげました。お弁当を入れるために毎朝開けていたので、《完全なプライベート空間》ではありませんでしたけど。

CHAPTER

5

お母さんの「話し方」「接し方」は超大事

国語力アップと情操教育を一度にするコミュニケーション

1 大人にしない言い方は子どもにもしてはいけない

20歳になった子どもにも同じことが言えますか？

子どもに接するときには、「たかが子ども」というような考え方ではダメです。「今のところたまたま体が小さいだけで、中身は大人」と思って、相手を尊重しながら接することが大切です。

たとえば、よくある光景ですが、2歳ぐらいの子どもに、「あなた何考えてるの！早く○○しなさい」と叱るだけでは、子どもに対して非常に失礼です。大した説明もしないで、子どもの言い分も聞かずに、頭ごなしに叱るような言い方をして、自分のさせたいことを押しつけるのはよくありません。そんなことは、20歳の子どもには言いませんよね。

20歳の子どもに言えないようなことは、いくら小さいとはいえ、幼い子どもにも言ってはいけないのです。もちろん幼児ですから、易しい言葉を選ばなくてはなりませんが、きちんと説明して諭すことは大切です。

「親の言うことだから聞きなさい」と言ってしまう方がいるかもしれませんが、**親という立場からものを言わないことも大事です。**子どもが小さいときは上から目線で言えますが、子どもはどんどん成長して親と同じ大人に近づいていきます。

上から目線で子どもに言えなくなったとき、親に理不尽なことを強要されてきた子どもの心には、親に対する不信感が生まれていることもあります。子どもが納得するような言葉と態度できちんと説明しましょう。

子どもの悪い口癖は、実は親の口癖かも

子どもと話すときの言葉遣いも気をつけてほしいですね。親の暴言が子どもの心に

大きな傷を作ることがありますし、親の口癖を自然に子どもが真似してしまうこともあります。

教師をしていたときに、宿題をしない生徒に注意すると、「でもね、先生、忙しいから」と、いつも言い訳ばかりしていました。その生徒の母親に、子どもが、宿題をしているかチェックしてほしいとお話ししたら、「でもね、先生、忙しいから」とまったく同じ口調で言い訳をされて、さすがに驚きました。母と子はここまで似てしまうのかと、ちょっとショックでしたね。

子どもは知らず知らずのうちに、母親の言葉や話し方、態度などを身につけてしまうのです。そのことをいつも肝に銘じて、お子さんと接してほしいです。

POINT

子どもはたまたま体が小さいだけ。中身は大人と同じです。上から目線はやめましょう。

話す

2 「赤ちゃん言葉」は最初から封印

「でちゅ」「ワンワン」が子どもを幼稚にする

長男が生まれる前に、赤ちゃん言葉の扱いをどのようにしようかと、私は考え込みました。なんと言っても、赤ちゃん言葉は可愛い。でも、教育的ではありません。

たとえば、生まれたばかりの赤ちゃんに犬をさして「ワンワンでちゅね」と言うとします。一体いつ、「犬ですね」と説明を変えるのでしょうか。変えるときは、家族全員が一斉に変えるのでしょうか。しかも、そもそも「ワンワン」は犬の鳴き声であって、名称ではありません。よく使う「でちゅね」は、早めに切り上げたい言葉のような気がしました。となると、呼び方の変更時期の判断が非常に難しく思えてきて、それなら最初から「犬だよ」と言えばいいのではないかと、結論づけました。それで、わが家では、「赤ちゃん言葉は、一切使わない」方針でいくことにしたのです。

いろいろ考え過ぎだとお思いでしょうが、このような方針は理由をつけて、**最初にはっきりと決めておかないと、あとでお父さんや祖父母らと揉めるのです。**揉め始めるとややこしくなるので、はじめに話し合っておくことですね。

わが家は主人と方針を確認し合い、2人で赤ちゃん言葉を使わないようにしました。よそのお父さんが赤ちゃんや幼い子どもに、「パパでちゅよ」と言うのをよく聞きます。見ていて微笑ましいし、その人を批判する気持ちはまったくありませんが、その言い方をいつ「パパだよ」と普通の言葉に直すのかなと思ってしまいます。

どうせあとで普通の言葉に直すのですから、最初から普通の言葉を使えばいいのではないでしょうか。幼い子どもは、それこそ、お腹の中にいるときから耳で何でも聞いています。周囲が幼稚な言葉を使っていたら、子どもはずっと幼稚な世界に囲まれたままになります。

赤ちゃん絵本や幼い子ども用の絵本は、実は赤ちゃん言葉ではなく、きちんとした日本語で書かれています。子どもを、1人のきちんとした人間として扱っていることがよくわかります。**子どもの精神年齢は、上げないといけません。**できるだけ幼稚な言葉は使わないようにしましょう。

私の母がはじめ、外で犬や猫を見かけたとき、長男に「ワンワンだよ」とか「ニャアニャアだよ」と言うので、「幼稚な言葉は使わないことに決めたから、使わないでね」と伝えて、その理由も話しました。母は、私の考え方をいつも尊重してくれる人だったので、すぐに「ほら、犬、犬」「あれは、猫、猫」と言ってくれました(笑)。

私の両親は、本当に素直な性格で、ひたすら娘の私を可愛いがってくれて、孫たちの教育には実に協力的でした。

痛いのは飛んでいかない

私は、自分が子どもの頃から、気に入らないことがありました。子どもが痛がっているときに、大人が「痛いの痛いの飛んでいけ〜」と言うことです。私は子どもながらに、そんな言葉で痛さがなくなるわけはないだろう、といつも思っていて、そのようなことを言う大人は嫌いでした。子どもは痛がっているのだから、「痛かったね」と寄り添うのが大人の取る態度でしょと思い、目の前に存在する痛さを、適当な言葉でごまかすのはありえないことであり、それは子どもをバカにしている、といつも腹を立てていました。私の母も、おかしいと思っていたのでしょう。私にそんな言葉をかけたことはありません。

たとえば入院している大人に、「痛いの痛いの、飛んでいけ〜」なんて絶対に言いませんよね。ということは、やはり相手が子どもだからその言葉を使っているのです。子どもだから、飛んで行きもしない〈痛さ〉に飛んで行けと言ったらごまかされて、痛みを感じなくなると思わせられるだろうという、軽い気持ちと態度が本当にいやでした。

「痛いの痛いの、飛んでいけ〜」と言われて、痛いのはそのまま変わらないけど、大人が言っているので一応少し笑っておこうか、と忖度した子どもは昔から多かったのではないでしょうか。

子どもは大人よりも経験値がまだ少ないだけです。大人と同じように接するべきだと思います。

POINT

子どもの精神年齢を上げるためにも、赤ちゃん言葉や適当な受け答えはNGです！

子どもを大人扱いした森鷗外

長男を出産する前に、森鷗外が日々の出来事を綴った本を読みました。

その中に、こんな話がありました。妻の実家に子どもを連れていったところ、妻の父が、最近踊りを習い始めた孫に対して、「踊ってみろ」と言います。義父の言葉を聞いた鷗外は、「うちの子は猿回しの猿じゃないんだから、何かの芸を人前でさせられるのは非常に不愉快だ。子どもに対して、失礼じゃないか」と思ったそうです。

私は、はっとさせられました。なぜなら、私が子どもの頃にも、お客様や親戚の前で、習っているものを披露しなさい、などとよく言われたからです。おおむね、子どもは恥ずかしがって、イヤイヤしながらもほんの少し披露して、周りの大人は拍手をするという感じでした。子どもにとっては迷惑なことです。やることに対して正当な評価もできない大人の前で披露することは、確かに見世物の猿と同じです。その一文が心にかかったということは、私にもそのようなことがあったのかもしれません。

私はこの話を読んで、鷗外は、子どもを1人の人間として尊重していたのだなと感動しました。子ども自身が踊りたいのならいいのですが、大人という〈立場〉から子どもに命令するのは、子どもに対して失礼だと思いました。

このとき、子どもが生まれたら、その子を1人の人間として尊重したいと思ったのです。そのため、幼稚な言葉は一切使わないと決めたということです。

話す

3 呼び方を状況によって変えない

褒めるときも叱るときも「ちゃん」をつける

私は、自分が子どものころから、両親から呼び捨てにされたことはありません。私の両親も、明治生まれの親から呼び捨てにされたことはなかったそうです。そのような育てられ方をされたためか、親だから子どもを呼び捨てにしていいとは思いませんでした。それで、子どもたち全員を「ちゃん」づけで呼びました。

どう呼ぶかはご家庭で決めればいいと思いますが、大切なのは**親の感情によって呼び方を変えない**ということです。

いいことをしているときには「ちゃん」づけ、悪いことをしたら呼び捨て、などと態度を変えるのはよくありません。これは、子どもが大きくなってからも同じです。テストの点がいいときと悪いときで親が呼び方を変えたり、人前と家の中で態度を変えたり、親の感情のありようで「ちゃん」づけにしたり呼び捨てにしたり、親の感情の底が見えるような態度をとるのはやめましょう。すぐに子どもから人間性を見透かされます。

私は褒めるときも叱るときも、一貫して「ちゃん」づけで呼んでいました。なお、いつまで子どもたちを「ちゃん」づけで呼ぶかですが、子どもがいくつになっても私が親であることには変わりありませんから、私はいまだに全員を「ちゃん」づけで呼んでいます。これから先のことは、おいおい考えることにします。

ずっと同じ強さで子どもの手を握る

大学受験までの18年間には、いろいろなことがあります。親もうれしいときや怒りたいとき、ガッカリするときもあるでしょう。ただ子どもの人生の同伴者として、どんなことがあっても、決して握る手の強さを変えないでください。いつも同じ強さで、子どもの手を握り続けてほしいと思います。

親も人間ですから、うれしいときにはギュッと握っても、子どもがテストで残念な点数を取ってがっかりしたときには、「はぁー」と気が抜けて、その握った手を緩めるのです。子どもはそのようなことを敏感に感じ取ります。**親は自分ががっかりしたときほど、より一層強く意識して子どもの手を握りしめてほしい**と思います。子どもは親の言葉、態度、表情などに非常に敏感ですから、どんなときも変わらない呼び方、変わらない態度を心がけてください。

親の気分で呼び方や接し方を変えないで。子どもから人間性を見透かされますよ。

4 「男だから」「お姉ちゃんだから」はNG

親の古い価値観を押しつけない

私の母は、古いところもあって「とにかく、男は泣くな」と私の弟に言っていました。「昔は、男は一生の間に片頬だけ笑えばいいって言われていたのよ」とも、笑いながら話していました。ちなみに、弟は昔も今もよく笑う性格です。

長男が幼い頃、周りでも、男の子が「うえーん」と泣いたら、「男の子だから泣かないのよ」と言うお母さんが結構いました。私は息子たちにそのようなことを言ったことはありません。だって、男の子だって悲しいときは泣きたいでしょう。女の子だって、いつもおとなしくはしていられませんよね。

幼い頃に「男の子だから……」「女の子だから……」とお母さんにいつも言われると、やっぱり子どもは母親の気持ちや考えを忖度してしまいます。子どもの喜怒哀楽は大切にしてあげて、その気持ちを表現させてあげるように、大人は見守りたいものです。そうすると、子どもは自分の気持ちに正直に生きていけるようになります。

決して、親が望むような行動をとろうとする子にはならないように育ててください。親の価値観を子どもに押しつけるのではなく、子どもが子ども自身の価値観で生きていけるようにしてあげたいものです。

お兄ちゃん・お姉ちゃんを特別扱いしない

上のお子さんを「お兄ちゃん」「お姉ちゃん」と呼ぶご家庭もあるかもしれませんが、わが家では長男を「お兄ちゃん」と呼ぶことも「お兄ちゃんだから○○しなさい」と言うこともありませんでした。きょうだいを平等に扱いたかったからです。4人の子ども全員を同じように「ちゃん」づけで呼び、同じように接していたからか、きょうだいはとても仲がいいですね。

やはり、きょうだい間で比較したり、差別したりしないことが大切です。わが家では、体の大きさが違っていても、おやつも食事も公平に分けました。いったん分けたあとに、きょうだい間で譲り合いをすることはありましたが、配るときは平等です。

おもちゃなども4人分買いました。全員分ないと、あとで取り合いになるのは、目に浮かびますよね。子どもは新しいものが大好きですから、当然喧嘩になります。「**きょうだいは何事においても平等に**」というのが、私が厳格に守ったポリシーです。

4人の子どもたちは性格や得意なものが違いますから、比べることも一切しませんでした。幼いときに比べなかったからこそ、きょうだいは成長しても、お互いの優れたところを尊敬しながら、ずっと仲がよいのだと思います。

POINT

きょうだいは、みんな平等！　お互いを尊敬し合える関係を作りましょう。

褒める

5 親子の信頼関係ができる褒め方とは？

叱るより褒めるほうが子は育つ

昔から「三つ子の魂百まで」と言われてきましたが、確かに3歳で人間の形になると言えます。ということは、3歳までにどのように育てるのかが、そののちに大きくかかわってくるということですね。

3歳までの育て方は、大きく分けて、「厳しく叱って育てる方法」と「怒らないで褒めて育てる方法」の2種類があり、私もはじめは迷ったのですが、何も知らない子どもを怒るのは違うだろうと思い、後者で育てました。

3歳ぐらいまではわからないことが多く、大きな声で叱られると、子どもはビクッとします。これは、小さな子どもに失礼です。だから、怒らずに「褒めて育てる」と決めました。子どもが何をしても「いいよ、いいよ」みたいな感じでしたね。

今、振り返って考えると、やはり「褒めて育てる」ほうが正解だったと思います。子どもが幼いときには褒めることが大切で、「褒めて伸ばしましょう」というのが私の考えです。子どもはお母さんに褒められるとうれしくて、頑張ろうと思い、次につながるからです。これからの成長に不可欠な「**達成感**」「**自己肯定感**」がこのときにじわじわと育まれるのだと思います。

褒める理由を伝えると信頼関係が築ける

子どもを褒めるときには「なぜ褒めているのか」をきちんと伝えましょう。褒める理由を言うためには、**日頃から子どものことをよく観察する**必要があります。

普段の言動をしっかりと見ていて、「この前は○○だったから、今はそこに気をつけて、こうしたらいいと思ったんだよね。えらいね」とか「この前あれを見て、自分もいいと思ったからやってみたんだね。すごいね」とか「この前はここまでしかできなかったのに、今日はこんなにできたね。頑張ったね」など、褒める理由を具体的に言うと、「お母さんはちゃんと見てくれているんだ」と子どもはうれしくなり、**お母さんのことを「自分の理解者」だと感じます。**

「えらいね」とか「すごいね」とだけ簡単に言われるよりも、お母さんの気持ちを言葉にして、丁寧に説明したほうが、子どももうれしいですよね。何よりも、お母さんの気持ちを伝えることが大事です。子どもがお母さんのことを「世界で一番の自分の理解者」だと感じれば、信頼関係を築けます。親を信頼していると、困ったことや悩みごとがあるときに相談してくれますよ。

幼い頃に築いた信頼関係が、その後の親子関係や後々の受験につながってきます。日頃からお子さんのことをしっかりと見て、理由を話して褒めてほしいですね。

子どもは褒めて育てましょう。理由を具体的に伝えると、よりよい信頼関係を築けます。

叱る

6 叱るときに言ってはならない三大禁句

「ダメ！」は子どもの自信や好奇心をつぶす

褒めるとき同様、叱るときにも必ず理由を添えましょう。「〇〇してはいけない」と言うときには、「なぜそれをしてはいけないのか」、「〇〇しなさい」と言うときには、「なぜそうしなければいけないのか」を必ず伝えてください。理由も言わず、ただ感情的に叱るのはよくありません。人は誰しも、頭ごなしにものを言われたくはありませんよね。それは、子どもでも同じです。

私は、長男が3歳までは「ダメでしょ！」とか「〇〇したらダメ！」という言葉は一切使いませんでした。「ダメ」は強い否定の言葉で、子どもは言われると嫌な思いをするし、自分を否定され、自分がダメだと言われているように感じるかもしれません。言いたいときもありましたが、「ダメとは言わない」と、自分に言い聞かせていました。

子どもは好奇心が旺盛で、いろいろなものを触りたがります。そんなとき、「触っちゃダメ！」と言いたくなる気持ちはわかりますが、「触ると危ないよ」「大切なものだから触らないでね」などと、触ってはいけない理由を説明すると、次の機会に何かの展示を見て〈大切なものだからこれも触ってはいけない〉と、応用が効くのです。**理由を言わずに「ダメ」だけでは、概念として認識ができず、ことあるたびに「ダメ」と言わなければならなくなります。**

危ないものを持っている場合にも、「ダメ！」といきなりその危険物を取り上げて怒るのではなく、「それをすると、こうなって危ないでしょ。だから、そういうことはしたらいけないのよ」と取り上げながら説明したらいいと思います。説明をした後で取り上げるのでは、その間に怪我をしたら大変なので、説明しながら子どもの手から上手に取り上げるのがコツですね。

「○○しなさい！」ではなく、口調に気をつける

何かをさせたいときに、強い口調で子どもに「○○しなさい！」「○○してね！」と言うと、子どもはその強権発動に従わざるを得なくなるので、口調に気をつけて、他の選択を考える余裕を持てるような言い方をするといいですね。

子ども心にもちょっと納得できないこともあるでしょうから、そのときにこそ、子どもが言いたいことを言えずに飲み込んでしまうような雰囲気ではなく、気軽に言える雰囲気にすることが大切です。

実はそのような**自分の意見を気兼ねなく言う経験が、後々の国語の記述式問題を解く力の下支えになるのです。**

理由も言わずに命令したり、叱ったりするのは、子どもという1人の人間に対して失礼ですよね。だから私は、必ず「△△だから○○したほうがいいよ」と、まず理由を伝えてから、そうしたほうがいいのではないかと提案し、自分で考え、行動するように促していました。

何だか、手間がかかって面倒だなと思われるかもしれません。でも、子育てとは、もともと手間がかかって、親の時間をやたらと使うものなのです。

「○○に言うよ」は子どもへの脅しになる

お母さんが叱るときに、「お父さんに言うよ」とか、「お父さんから怒ってもらうよ」と言うのはNGです。それは、ただの脅しです。母親の言うことをきかないときに、昔からよく使う「おまわりさんに言うよ」「先生に言うよ」「おばけが出るよ」「ばちが当たるよ」などと言うのも同様にNGです。

誰かに子どもを怒ってもらうことを丸投げしたり、子どもを脅したりするようなことは言ってはいけません。

そうしていると、子どもは物事の本質を考えることをしなくなり、**何でも誰かの顔色を見て判断するようになってしまいます。**

自分で本質を自分なりに、今の年齢で思いつく精一杯の経験からよく考えさせることが、子どもにとって一番大事です。親はその側にいて、その思考のお手伝いをするということでしょうか。子どもは自由に物事を捉え、考えます。小さな子どもの考えからも、大人が学ぶことは意外と多いのです。

また、子どもが大きくなってきたら、「そんなことをしたら世間が許さないでしょ」と言って子どもの考え方を批判する親も多いのですが、「世間」とは、一体何なのでしょうか。「世間の人が許さない」といった場合、その「世間の人」とは結局、誰なのでしょうか。「世間が」というと日本人全員、世界中の人みんな、あるいはご先祖様、または、この世に存在するすべての人たちから許されないような気がしてきます。

しかし、よく考えてみると、その「世間の人」とは、近所の人や親戚、友人知人程度なのが判明します。だったら、多くて何十人というレベルですよね。いつも使っている「世間の人」の意味する人たちとは、相当少ない人数なのです。

つまり、「世間」という言葉は、昔から使われている「脅し文句」ということです。「おばけが出るよ〜」の「おばけ」と大して変わりません。「世間」という言葉を使うのなら、「**世間が許さなくても、お母さんはあなたの立場に立ち、味方になる**」という覚悟を伝えるときに使いたいですね。

POINT

叱るときは理由をちゃんと伝えると、物事の本質がわかる子になります。脅しは避けて。

佐藤家でKYを推奨する理由

子どもたちが小学生ぐらいのときに、「場の空気（K）を読（Y）めない」という意味の「KY」という言葉が流行り、「空気を読めないなら黙っていろ」といった風潮がありました。

当時も「周りの意見に惑わされずに、堂々と自分の意見を言える子に」というような、発言力を推奨するような教育がもてはやされていましたが、それとは反対に「KY」が流行っていたのも面白いと思いました。

しかし空気を意識し過ぎると、結局自分の意見は何にも言えないことになると思いました。私は、子どもたちには思ったことを言ってほしかったので、「空気を読む必要はないよ」「周りの空気が正しいかどうかわからないんだから、空気を読んで生きていかないように」とずっと言い続けました。もちろん常識は必要で、行き過ぎた場違いな言動は、他人に不愉快な思いをさせるので慎まなければなりませんが。

子どもたちには、「全然空気読んでいないのはママだけだよね」と言われましたけど（笑）。

叱る

7

お母さんはアンガーマネジメントを身につけよう

家を明るくするのはお母さんの役割

子どもが3歳ぐらいまでは「褒めて育てましょう」というお話をしましたが、お母さんが怒らずにいつもニコニコしていると、やはり家の中が明るくなります。子どもの心も明るくなり、いつも前向きになれるのです。

一方、お母さんがすぐに怒り、小言ばかり言っていると、子どもの気持ちは暗くなり、いつもお母さんの顔色をうかがうようになり、前向きになれません。子どもが小さいとき、特に3歳ぐらいまでは、子どもの感情はお母さんの言葉に影響されますから、怒りたいときでも自分の感情を抑え、いつも笑顔で明るくしていることを心がけてください。

特に大切なのが、夫と喧嘩したときや、近所の人との関係で不愉快な思いをしたときなどに、そういった**大人の事情を持ち込まない**ことです。子どもにはそんなことはわかりませんし、関係ありません。

たとえ嫌なことがあったとしても、すぐに気持ちを切り替えて、子どもの前ではいつも笑顔でいましょう。

「3年間怒らない」を実践した結果

子どもが3歳になるまでは絶対に怒らないと決め、主人や私の両親にも、長男が3歳になるまでは絶対に怒らないよう頼んでおきました。自分の子どもや孫に対しては気楽に怒りがちだからこそ、みんなが気をつけないといけないと思ったのです。

0歳、1歳頃は親が怒りたくなるようなことはあまりしませんが、2～3歳になると、動きも活発になり、好奇心があるからいろいろなことをしますよね。中には怒りたくなる悪さも……。

私も長男のときは初心者ママでしたので、よく怒りもフツフツと湧いていましたが、そんなときは怒りの感情をコントロールして、怒らないようにしました。当時は、怒りたい気持ちを我慢するのは何だか修行のようで、3年間でかなりの忍耐力がつきました。

「石の上にも3年」という言葉がありますが、あの修行期間は、私にとってかなり効果的で、怒りをコントロールする「**アンガーマネジメント**」を身につけることができ、本当によかったと思います。

子どもが3歳になるまでは、怒ることをずっと我慢して抑えていたので、長男の3歳の誕生日に、なんといきなり私の感情が爆発して、何か危ないことをしている長男に説明もせずに「ダメじゃないの！」と怒ってしまいました。

そのときに、やっぱり「本当は怒りたかったんだなぁ」と気づき、我ながら怒っているのに笑ってしまいました。長男は前日と同じことをしているのに、急に怒られて「えーっ」と戸惑っていましたね。

3歳の誕生日以降は、怒りを解禁し、褒めることと叱ることの両方で育てました。

といっても、3年間の修行期間のおかげで忍耐力がつきましたから、感情的になってやたらと怒ることはなく、落ち着いて叱ることができました。

長男が3歳になったとき、次男はまだ1歳半でした。次男も3歳になるまで怒るのを我慢しようかとも思いましたが、きょうだいで同じことをしたのに、長男だけを怒るのも変です。だから、**きょうだいで悪さをしたときには、きょうだい一緒に叱る**ことにしました。長男は3歳まで叱られなかったのに、次男は1歳半から叱られて、ちょっとかわいそうでした。

三男は、生まれた直後から怒られることが解禁になった中で育つことになりました。「3歳までは怒らない」という理想のもとで育てるつもりが、3年で脆くも崩れ、子育てとは、なかなか理想どおりにはいかないものだと身にしみた次第です。

感情的に怒らないように気をつけて。子どもはお母さんの笑顔が大好きです。

叱る

8 怒らずにすむための工夫あれこれ

怒りのレベルは「行為」に合わせる。大人の事情に合わせない

子どもを叱るとき、親の感情の持ちよう、つまり虫のいどころで怒りの大きさが変わることがあります。

長男が3歳、次男が2歳のとき、「ジュース、飲まない？」と誘うと「はーい」と言って2人で取りに来ました。私は「こぼれるから、ジュースを持って走らないのよ」と言いながら、2人にジュースを渡しました。長男はおとなしくゆっくり運んでいましたが、次男は言ったそばから、ジュースを手に持って「わぁ〜い、ママからジュースをもらった～」と走り出したのです。私が「走ったらこぼすでしょ」の「走った」までいったところで、次男は、バタ～ッと転んでジュースを全部絨毯にこぼしました。そのときにあげたのは、りんごジュース。私は、「だから言ったでしょ」と言いながら、こぼれたジュースを拭き取りました。

別の日のことです。オレンジジュースをあげると次男が、「ワーイ」と言いながら走って、またバタリと転びます。私は、この前より怒りを感じて、きつめに「走らないって言ったでしょ！」と怒りました。

また別の日のこと、次男に今度はグレープジュースをこぼされました。私はかなり怒ってしまって、こぼしたジュースの後始末をしながらしつこく怒っていました。そのときに、怒りが大きくなっているのに気がつき、「あれ？」と思いました。どうやら、私の怒りはジュースの種類で変わっていることに気がついたのです。

要するに、りんごジュース、オレンジジュース、グレープジュースの順で、色が濃いので、絨毯の染みを落とすのが大変になっていきます。それと同時に、怒りが大きくなっているのです。子どもにとっては「ジュースをこぼした」という同じ行為なのに、ジュースの色によって怒られ方が変わるのは、理不尽ですよね。

そのとき私は、**自分の怒りの基準というものは明確ではなく、ほとんど自分の都合で怒り方を変えている**のだと気がついたのです。「子どもがひどいことをしたから怒っているように見えて、実は自分の後始末の大変さによって怒り方が変わってしまった」ということを反省しました。やはり、大人は正当な理由で怒っているように見えても、結構自分の都合で怒っていることも多いと知っておき、冷静になることが必要です。

汚れてもいい服、割れてもいい食器しか使わない

同じように、子どもがお皿を割ったとき、安価なお皿ならそんなに腹が立ちませんが、ブランドものや大切にしているお皿だと思わず激怒してしまいますよね。洋服も同じで、安い服を汚されてもそれほど腹が立たないけれど、大切な服を汚されるとすごく怒りたくなります。

子どもにとっては、皿を割った、服を汚したという同じ失敗をしただけなのに、怒られ方が全然違うのは理不尽だと思い、納得いかないでしょうね。結局は、**親が怒らないための工夫をするべき**だと思いました。子どもが小さい間は大切な食器はしまっ

ておき、落としても割れない素材の食器や値段が安い食器を使い、高い服やお気に入りの服は着ないことです。

長男が2歳の頃、飲み終わったマグカップをキッチンまで持って行き、片づけようとしてくれました。まだ背が小さくて流しの中が見えないのに、手を伸ばして流しの中に落とすものだから、マグカップがお皿の上に落ちて、全部割れてしまいました。

本人はお母さんのお手伝いのつもりで片づけているし、落としたら割れるなんて思ってもいません。これを怒るのは違うなと思い、まったく怒りませんでしたが、私のお気に入りの食器が次々に割れてしまったのは残念でした。長男が生まれる前は、結構値段が高い食器を揃えていたわが家ですが、それからは割れても怒らないですむような気楽に扱える安い食器しか使わないことにしました(笑)。

またある日、長男が幼児用の6Bの鉛筆でお絵描きして遊んでいました。その後、私がお気に入りのブラウスを着て抱っこしていると、ブラウスの襟に薄っすらと鉛筆の跡がついていたのです。どうやら、手に鉛筆を持っていて、私のブラウスの襟の刺繍をなぞって遊んだようでした。予想外のことで驚きましたが、「子どもならこれもありだな」と納得し、それ以来、洗濯が楽で、汚されてもまったく気にならない、シンプルなTシャツやトレーナーを着ることにしました。ちなみにこのときのブラウスですが、鉛筆の芯の炭素は粒子が細かくて、洗濯ではまったくきれいになりませんでした。

長男が4歳、次男が3歳、三男が1歳頃、3人で仲よくアイスクリームを食べたあと、よくみんなが私のところに来て、私の服をタオルがわりに、口元を拭いていました。私は、その姿が可愛くてまったく怒らなかったので、しょっちゅうのこととなり、そのため家では安いトレーナーを着ることにしていました。

ビーズがついている服は子どもを抱っこしたときに顔に傷がつくし、モヘヤの服は毛が抜けて子どもの手につきやすいので、そのような服は全部、知り合いに譲りました。幼い子どもを育てているときには、お母さんのオシャレよりも子どもの安全を優先して、汚れてもいい服を着ることが一番大切です。

工夫次第で怒るタイミングは減らせます。育児中は安い食器と服で乗り切りましょう。

9 お母さんが聞き上手になれば、子どもの観察力・表現力がアップする

聞いてくれる人がいれば子どもは話したい

私の母は聞き上手な人でした。私は、幼稚園や小学校に通っているとき、帰ってきたらすぐ、何か用事をしている母のそばに行って、朝起きてから幼稚園や学校に行くときに見たもの、聞いたもの、学校であったこと、授業中のこと、給食のメニュー、友だちの言動、先生の話、帰りの道草で見つけた草や出会った犬の話など1日の出来事をすべて、時系列で延々と母に話していました。

母は縫い物や洗い物などの家事をしながら私の話を聞き、楽しそうに「ふーん」、「へ

えー」と上手に相槌を打ってくれました。

「幼稚園まで友だちと歩いていたら、レンゲが咲いていて、きれいだった」と言うと、「あそこの田んぼのレンゲはきれいよね」などと返してくれました。ときには「あそこのおばあちゃんは、お母さんも知っているよ」などと挟みながら、私の話をちゃんと聞いてくれました。子どもの頃の私は、それがすごくうれしかったのでしょう。母にずっとくっついて、延々とゆうに2～3時間は喋っていましたね（笑）。

上手な聞き手がいると、子どもは話すことを探し、ネタを仕入れます。見たこと、経験したことをみんな母に喋っていましたね。とにかく、登下校の最中も、母に話すことはないのか探していましたから。授業中も何か面白いことがあると、これは帰って母に話さなければ、と思っていました。

母は毎日、私の話に耳を傾けてくれましたが、仕事から帰ってきた父に、同じように話すと、15分ぐらい聞いたあと、「朝起きて顔を洗って、歯を磨いて幼稚園に行ったって、毎日言わなくていいから、もうちょっとまとめて言いなさい。エッセンスだけでいいんだよ。全部話すとへたな日記のようになる」と言われました（笑）。

子ども心に、「えー、まとめたら面白くないんだけど……。全部話したいんだけど」

と思いましたが、それからは父には、特別な出来事のエッセンスだけを話すようにしました。今思うと、父は仕事帰りで疲れていたのでしょうね。

今も覚えている、母が話を遮った日

私の母は、「朝起きて顔を洗って、歯を磨いて……」と毎日毎日同じことを言っても、いつも笑顔で聞いてくれました。ところが、私が小学2年生のときに、いつものように学校から帰ってすぐにそばに飛んで行って話していたら、「今、九九を習っているでしょ。八の段と九の段は、言えるの？」といきなり言われました。母が勉強のことを言ったのは、そのときがはじめてなので私はびっくり。それで、私は話を中断して、スゴスゴと自分の机に向かい、八の段と九の段を静かに覚え始めました。

勉強は父が受け持っていたので、母が勉強のことを言うのははじめてで、私は不思議な気持ちでした。いつも、すごく楽しい話し友だちだと思っていた母が急に親になったような気がして、いまだに印象に残っています。

母に直接尋ねたことはないのですが、きっと、私が学校に行っている間に、九九は大変だから母親が家でちゃんとみないと、というような話を聞いたのでしょうね。塾などはなく、みんなが学校で学ぶだけといった、昔の田舎での出来事です。私の話に相槌を打たずに急に勉強のことを話したのは、それが最初で最後です。私はと言えば、おかげですぐに八の段と九の段を覚えました（笑）。

いつもは相槌を打ちながら、延々と話を聞いてくれていただけに、子ども心にかなり衝撃的な出来事で、今も記憶に残っています。やはり、お母さんの何気ない言葉でも子どもの心に残るんですね。

話ができる子は、作文でも記述式問題でも困らない

自分の経験からも、子どもの話に楽しそうに相槌を打ちながら話を聞くのは、お母

さんの仕事だと思います。**話を聞いてあげることが子どもの読解力、文章力につながります。**私が母に話したことを文章にしたら、作文になります。子どもが話すときは、あらすじ立てて考えていますからね。

実際に、小学1年生のとき、運動会のリレーについて作文を書く時間がありました。私は日頃、母に話すような感じで、「○○ちゃんがバトンを渡すときに、こんな渡し方をして……」などと、友だちのバトンの渡し方などを延々と書きました。最終走者まで書いたので、みんなは2〜3枚なのに、私は14枚ぐらい書いていました（笑）。

話し慣れているので、長い文章を書くのが苦にならなかったのだと思います。先生からすごく褒められて、学校で賞をもらい、うれしかったですね。

私が子どもの頃、毎日母に話を聞いてもらっていたように、どうやら、私と母は話したり聞いたりするのが好きなようです。それで、母が奈良に手伝いにきてくれたときには、私が母の話をずっと聞きました。その頃、父は亡くなっていて、母は1人暮らしになっていました。母のおかげで私も聞き上手になっていたようで、数時間、母の話を聞いていました。母が延々と話したあと、「ところで、お母さん、今の話ってまとめたら5分ですむ話だよね」と私がいい、「そうだよね〜」と2人で大笑いしたのは、一度や二度ではありません。

そんな様子を見て、子どもたちは「2人とも、どうでもいい話をものすごく大きくして話すのが得意だよね。針小棒大おばさんと針小棒大おばあちゃんだね」といっていました。

でも、**頭の中にあることを口に出すのは大切だと思います。**「中学受験の記述式問題ができない」と嘆くお母さんも多いのですが、長い文章を読んで、いきなり解かせようと思っても、国語が苦手なお子さんには難しいのです。

まずたくさん喋るということが、記述力や読解力を身につけるための基本です。お子さんが幼いときから、上手に相槌を打っておしゃべりを聞いてあげてください。そのことが、大きくなってから、記述式問題を解くときに役立つのです。

おしゃべり好きになると、記述力と読解力が上がります。長い話も遮らずに聞いてあげて。

記述式問題の教え方

小学3～4年生になると、教科書や塾のテキストで記述式問題が出てくるようになりますが、ここでつまずく子どもたちが大勢います。国語が苦手なお子さんに長い文章を読ませて、いきなり問題を解かせようとしても、なかなか難しいのです。

お母さんが解答を見たうえで、「この子は悲しかったの？」「うん、悲しかったみたい」「誰に対して悲しかったの？」といったように、インタビュー形式で徐々に答えを引き出すようにしてみるといいですね。

子どもはお母さんの問いかけに答えながら、頭の中で書くべきことがまとまっていきます。ある程度まとまってきたと感じたら、「じゃあ、主人公のこのときの気持ちを文章にしてみて」と言って、書かせてみてください。

それをお母さんが直してあげて、最終的には解答の字数に合わせて書かせるようにすると、記述式問題が得意になります。

聞く 10 聞き上手になる4つのコツ

どんな話も、まず笑って受け止めてあげる

子どもは発想がユニークで、間違っているけれど、面白いことを言います。子どもが話しているときに、即座に親が「それは間違っているよ」とはっきり言ったり、「えっ?」と怪訝な顔をしたりすると、子どもは親を楽しませようとして一生懸命お話ししているのに、親の反応で悲しい思いをしてしまい、話すことが嫌になります。

ですから、特に3歳までの子どもが意味がよくわからないことを言っても、「そういう考え方は面白いね」「よくそんなに面白いことを考えられたね」と、**どんな話も**

否定せずに、まずは笑顔でその話を受け止めてください。

そのあとに、「でもね、お母さんはちょっと違うと思うよ……」と優しい口調で、正解を教えてあげましょう。

大げさなリアクションをする

お子さんが話しているときには、大げさに褒め、とても驚いてみせるのもコツです。お母さんが淡々と聞くのではなく、大げさなリアクションがあると、子どもはうれしくなって、どんどん話したくなります。

それほど大したことない話でも、お子さんのために演技するよう心がけましょう。面白い話をしたときにお母さんが大笑いしてくれると、子どもは幸せな気持ちになります。

「正しい答え」を待つ質問はダメ自由に話せず、記述式が苦手になる

質問をするときには、「正しい答え」を引き出すような誘導尋問はよくありません。「これはこうなるから、あなたもこう思うでしょ！」と言われると、そう思わないときに言いづらくなります。本当に思っていることを言えずに「うん、そう思う」と答えれば、子どもが自分の頭で答えを考える機会を奪うことになります。

また、「これ、おいしい？　どう？」と聞くと、「うん、おいしい」とか「あんまりおいしくない」と言えますが、「これ、おいしいでしょ！」と言われると、「おいしくない」とは言いづらくなります。

「～でしょ！」といった、答えを押しつけるような質問の仕方は、子どもが自分の考えを話す機会を潰してしまうので、気をつけましょう。

親がそのような質問の仕方を続けて、子どもが自分の頭で自分の意見を考え、言葉にしづらい環境で育てていくと、小学校高学年になったとき、記述式問題が苦手になる場合が多いです。

子どもが自由に自分の意見を言えるような質問をして、子どもにどんどん喋らせることが大切です。

「否定」もできるようにさせておく

「これについてどう思うか、思ったことを聞かせて」「どう考えているか教えて」など、子どもが否定の言葉も言いやすいように質問しましょう。

3歳までに、お母さんも子どもも、お互いに思ったことが言い合えて、子どもが嫌なことは「嫌だ」、わからないことは「わからない」とはっきりと言えるような関係のベースを作っておくことが大切です。

親が常に命令口調や、押しつけるような口調で話すと、子どもは否定の言葉を言いにくいのです。でも、成長するにしたがって、「嫌だ」と思うこと、「わからない」と感じることは増えていきます。

学校や塾、友だちなどのことで悩んだり、困ったりしたときに、**「嫌だ」「わからない」とお母さんに気楽に言えるような子どもに育ててください。**そのためには、子どもにとって話しやすいお母さんになってほしいと思います。そうすれば、お母さんもサポート方法を考えることができます。

否定や命令は絶対NG。明るく、楽しく聞くことが、親子の信頼関係のベースを作ります。

11 「ちょっと待って」はNGワード

子どもの好奇心、表現意欲を摘み取るそのひとこと

特に3歳までの子育てにおける最大のNGワードは「ちょっと待って」です。

幼い子どもの疑問はシャボン玉のようにどんどん生まれて、どんどん大きくなります。「どうして○○なの?」「○○はなぜ?」と次々に質問します。そんなときには、すぐに答えてあげましょう。もしも即答できないようなことを聞かれたら、図鑑などで一緒に調べましょう。

せっかく子どもが聞いているのに、「ちょっと待って」と言うだけで自分の用事を

してすぐに答えないと、知的好奇心で膨らんだシャボン玉は、その瞬間に割れてなくなってしまいます。そんなことが続くと、子どもは「ママに言ってもダメだ」と思い「ママは忙しいから、聞いてはいけない」と忖度するようになってしまいます。大人でも同じですよね。何か頼んだときにすぐにやってくれる人だと、また頼みますが、いつも「今は忙しい」とか「あとでやる」と言っている人には頼まなくなりますよね。最悪なのは、「忙しいんだから、静かにして！」などと怒ることです。子どもは怒られると、もう二度と質問しなくなります。

「ちょっと待って」と言わなくてもいい工夫をする

子どもが生まれるまでの私は、そのときやっていることを中断することが苦手でした。編み物をするのも本を読むのも、何でも一気に最後までやらないと気がすまない性格でした。だから、毎日少しずつの時間で長期間かけて大作を作るなんて、できなかったのです。でも子どもが生まれてからは、何かをしているときや、もうすぐで終わりそうな状態でも、子どもから呼ばれたり、質問されたりすると、すぐに子どもの元に行ったり、答えたりするようになり、物事を中断するのが上手になりました。

奈良の三輪そうめんが好きでよく食べていましたが、ちょうどそうめんを湯がいているときでも、子どもに「絵本を読んで」などと呼ばれたら、火を止めてすぐに子どもがいるリビングに行きました。絵本を読み終わってキッチンに戻ると、そうめんが団子状態になっていて、捨てたことも何度かあります。

子どもは、親が何か真剣にしているときを見計らって、わざわざ話しかけてくるのではと思うほど、親のしていることを中断させるのが得意です。そのため、唐揚げなどの揚げ物は、基本的に両親か主人がいるとき以外はしないことにしました。揚げ物をしているとき、子どもが近づくのは油が飛び散って危ないし、子どもの泣き声がしたら、親としては思わず飛んでいきます。そのときに火をそのままにしかねないなどと考えたからです。のちに、灘中で同じ考えのお母さんに出会い、話が弾んだことがあります。

大好きな推理小説も、子どもが幼いときには読みませんでした。面白い場面だと、思わず「ちょっと待って」と言ってしまいそうだから、子どもに声をかけられたときにすぐに中断できる新聞を読むようになりましたね。

CHAPTER

6

こんな悩み、あんな悩み、佐藤ママがお答えします

幼児教育によくあるQ&A

1 妊娠期間中にどんな準備をしましたか？

最新の育児情報をアップデート

私は長男を妊娠中、音楽を聴くだけではなく、生まれた後にどのように育てるかを考えるため、さまざまな育児書を読んで情報収集をしました。本に書かれていることをすべて鵜呑みにするのではなく、その情報が正しいかどうか、自分で調べることにしました。

長男が生まれた1991年は、頭の形がよくなるという理由でうつ伏せ寝が流行していました。ベビー布団を買いにいったら、どこのデパートでもうつ伏せ寝専用しかなかったのです。でも私は、「まだ首も座っていない赤ちゃんをうつ伏せ寝にするのは極めて危険で、窒息する恐れがあるのでは」と心配で納得できなかったので、長男は昔ながらのあおむけで寝かせました。その後、うつ伏せ寝での窒息死が何件も起こり、現在は「寝返りができない赤ちゃんのうつ伏せ寝は危険」というのが常識です。**新しい育児法が正しいかどうかがわかるのには時間がかかります。**さらに、現代はインターネット上でさまざまな情報が飛び交っていますから、情報を精査して、新しい育児法にすぐに飛びつかないほうがいいと思います。

第1子の妊娠中には自由時間がありますから、情報収集には最適です。今の世の中の変化のスピードはとても速いので、過去の育児情報は役に立ちません。思い込みで子育てをするのは危険です。常に情報をアップデートして、冷静に精査し、親として反省しながら実践していくことが重要です。

小学生の教科書を全部取り寄せ

私は、今の子どもたちはどのような教育を受けているのか知りたくて、小学1年生

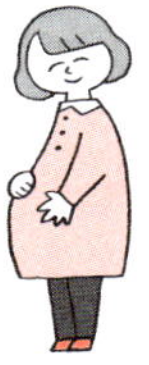

から6年生までの全教科の教科書を取り寄せてみることにしました。

子どもは6歳になったら必ず小学校に入学するのはわかっていますから、前もって小学校で何を習っているのかを把握しておくことは大事なことで、教科書をまとめて購入し時間があるときにじっくり読んでみることをおすすめします。自分が子どもだったときと比べると、ずいぶんと変わっていることに気づくでしょう。**自分の子どもが必ず歩む道を具体的に見て検証しておく**と、霧の中を歩くような子育てを避けることができます。

胎教で音楽を聴く

「胎教」もよく話題になりますが、私も長男がお腹にいるときにはいつも、クラシック音楽を聴いていました。

モーツァルトがいいと聞いたので、モーツァルトの曲を聴くことが多かったですね。もともとモーツァルトは好きだったので、癒されました。妊娠中には体も思うように動かずストレスも多いですから、自分の心を落ち着けるためにも、好きな音楽を聴くといいでしょう。

出産間近でお腹が大きくなって動くのも億劫になっていたとき、どこから聞いてきたか知らないですが、主人が「喜多郎のシンセサイザーの音を聴くとα波が出て胎教にいいから」と言って、毎日毎日かけてくれていました。長男は9月に生まれたのですが、ずっと暑い夏に聴いていたから、今も喜多郎さんの音楽を聴くと、あの重くて汗だくになっていた夏を思い出します（笑）。

今となってはそれも、楽しくて懐かしい思い出ですね。

ターミネーターで実感した胎教の大切さ

あれは、長男が生まれる1カ月くらい前だったでしょうか。『ターミネーター2』が封切りになったので、まだ身1つの気軽さから、大きなお腹を抱えて映画館に見に行きました。

途中、アーノルド・シュワルツェネッガーが現れるとき、あのおなじみの

「ダダッダダンダン！！！」というテーマが流れます。観客に「出た〜！」と思わせるあの音量。私が驚いたのは、シュワルツェネッガーが出てきてあの音楽が鳴り響くたびに、お腹の中の長男が暴れたことです。お腹の中で走り回っている感じでした。音が聞こえなくなると、フーッと静かになるのです。私は、そのたびに大丈夫、大丈夫とお腹をさすりながら見ていました。

そのときに実感したのは、〈やはり、胎教は大事〉ということ。子どもは、お腹の中で、外の声や音をちゃんと聞いているのだと確信しました。

それまでは、「胎教って本当に大事なの？　赤ちゃんって、お腹の中でお母さんの声が聞こえているっていうのは、本当？」と、実は胎教には懐疑的でしたが、胎教や赤ちゃんの耳の大切さを改めて考えさせられた出来事でした。子どもにすべて聞かれているとなると、聞かせる音や音楽、言葉にはすべて、親に責任があるということになります。

映画の話に戻りますが、お腹の中で走り回っている長男を外からなでながら、私は『ターミネーター2』を楽しく最後まで鑑賞しました。

2人目の胎教に時間が取れなくても気にしない

長男のときには、胎教を意識してお腹の赤ちゃんに話しかけていましたが、最初の子どものときだけですね。次男、三男、長女の妊娠中には子育てが忙しくて、胎教を意識する余裕はありませんでした。

でも、子どもに絵本を読んだり、童謡を歌ったりしていたことが、自然に胎教になっていたと思います。

育児情報は最新のものを入手して。胎教には自分の好きな音楽を聴くといいでしょう。

2 幼稚園・保育園はどう選ぶ？

普通に遊ばせてくれれば十分 特殊な教育はいらない

講演会の最後に、質疑応答の時間を設けることがあります。そのときに、幼稚園選びについて意見を聞かれることも多いです。最近はモンテッソーリ教育など著名な教育法を実践していたり、ひらがなや計算、英語や楽器を教えてくれたりするなど、特徴がある幼稚園が増えているので、悩むのでしょうね。

私もモンテッソーリ教育には関心があって調べました。理論などはいいなと思いましたが、教育論にはいいところも悪いところもあるので、誰かの教育論にどっぷり浸り全面的に取り入れるのはやめようと思いました。それに**創設者の考えや方法が、幼稚園・保育園のすべての先生や保育士さんに徹底されているかどうかはわかりません。**

親の判断で合わない教育法の幼稚園に入れられたとしたら、子どもはかわいそうですよね。私は、いいと思うことを自分の方針でさせたいと考えましたから、子どもたちは普通の幼稚園に入れました。「幼稚園は楽しく遊ばせてくれたら、それでいい。教育はしてくれなくてもいい。私がするから！」と思っていましたね。

園児に怪我をさせないように気をつけて、広い園庭で同じ年頃の子どもたちと楽しく遊ばせてくれたら、それでいいのではないでしょうか。幼稚園や保育園は、特別な教育や英才教育をしない普通のところでいいと思います。

子どものことを一番わかっている お母さんが教育を主導すべき

「○○を教えます」という幼稚園に子どもの教育をお任せするのではなく、お母さんが主導権を握って、基本的なことは自分の方針で教育するべきだと思います。きょうだいが何人かいると、それぞれ性格や好きなこと、得意なことなどが違います。その

ことをしっかりと把握しているのはお母さんですから、**子ども1人ひとりに合わせたやり方を考えるのはお母さんの役目です。**

ここまで何度か説明したように、私は「小学校に入るまでに、ひらがなとカタカナと数字の読み書き、一桁の足し算、九九ができるようにしておくといい」と考えています。「勉強を教えます」と謳っている幼稚園もありますが、幼稚園に任せずに、お母さんが教えたり、公文式などの幼児教室に通わせてプリントなどをチェックしたりするなど、お母さんが責任を持って主導することが大切です。

音が出ない木琴を演奏させられる子どもは幸せ？

保育園や幼稚園に通う年齢の子どもは、同じクラスでも4月生まれと3月生まれではほぼ1年違いますから、体の大きさやできることなどがかなり違います。たとえば「楽器演奏を教える」ことを謳っている幼稚園では、楽器演奏の発表会を行います。そんなとき、2月や3月に生まれたお子さんは、

4月や5月に生まれたお子さんと比べると、うまく楽器を演奏できないこともあります。ほぼ1歳違うのですから、当然ですよね。

ある幼稚園では、「木琴をうまく叩けない子どもがいると、変な音が出ないよう木琴の裏にガムテープを貼っている」と聞いたことがあります。幼いときから楽器を演奏させることをウリにしているから、こういうことになるのだと思います。まだ幼いうちから、変な劣等感を持たせることになったらかわいそうですよね。

幼い子どもは、お母さんに褒められるとすごくうれしいものです。お子さんが何かが苦手だとして、少しでもうまくできたら「上手にできるようになったね」と褒めてあげましょう。変な劣等感を持たせないことが大切です。

好きなことはもちろんですが、苦手なことも褒めてもらうとやる気が出ます。英才教育の幼稚園に通わせると、できなかったときに劣等感や挫折を味わうこともあるでしょう。ですから、普通の幼稚園に入れて楽しく遊ばせ、教育関係はお母さんが担当し、うまくできないときにはフォローしながら、褒めるのが無難なような気がします。幼い頃には褒めて伸ばしましょう。

3

父親が育児に協力してくれないのですが、どうしたらいいでしょうか？

夫は「壁紙」と思う

母親1人で育児をするのは大変だから、「父親にも協力してほしい」と思うお母さんの気持ちはよくわかります。特に、夫が仕事とはいえ、飲んで遅く帰ってきて、そのまま寝てしまうときには、腹も立ちますよね。私もそうでしたから（笑）。

私はそんなとき、「夫は壁紙」と思うことにしました。壁紙は家の中に存在するけれど、何にもしてくれませんよね。壁紙だと思うと気が楽になり、怒る気持ちがなくなりました。

最近は、「フラリーマン」と呼ばれ、家に帰りたくなくて、退社後ふらふらしているサラリーマンもいるようです。やはり、お父さんも子どもも家が大好きで、喜んで帰ってくる家庭にすることがお母さんの役目だと思います。

父親が育児や家事を少しだけ手伝ってくれたときには、「ちょっとしかやってくれない。もっと手伝ってほしい」と不満に思うのではなく、**「少しでも手伝ってくれた」と感謝の気持ちを持つ**と、うれしくなるし、気が楽です。たとえ少しのお手伝いでも、「ありがとう」と言えば、お互いにいい気持ちでいられます。お互いに思いやりの気持ちを持つようにすれば、家庭が楽しい場所になります。

アルバイトのヘルプにそれほど期待しない

子どもが0~3歳ぐらいまでの小さいときの育児に関しては、やはりお母さんが主役です。特に0歳児は、お母さんがおっぱいを飲ませているから、お母さんに抱っこされるのが大好きですよね。

「夫に育児を手伝ってほしい」と熱望せず、夫はヘルプで入るアルバイトだと思ったらいいのではないでしょうか。ヘルプのアルバイトに店を任せられないのと同じで、父親に育児をすべては任せられません。

やはりお母さんの出番が多いので、お父さんはヘルプで手伝う感じでもいいと思います。

最低限度、協力してもらうなら……

父親が仕事で疲れているのと同じように、専業主婦も家事と育児で疲れます。ですから、お互いに「疲れている」「忙しい」という言葉は禁句にしたほうがいいですね。父親がとても疲れていて、公園で遊んだり、外出したりするのがつらいときには、絵本を読んでもらいましょう。

小さい子向けの絵本は文章が短くて、すぐに終わります。わが家でも、主人が絵本を読み聞かせたり、童謡を歌ったりすることを手伝ってくれました。

子どもが成長するにつれて、父親を頼りにするときがきます。高校受験、大学受験、就職活動などのときに相談されたら、父親に聞くようアドバイスしてあげましょう。

POINT

3歳頃までは、お父さんはヘルプの存在。あまり期待せず、頼れるところは頼って。

弁護士パパの面子が立った日

長男と次男は大学受験で2人ともセンター試験の選択科目で「現代社会」を選択。裁判に関する問題がわからなくて、2人で話し合っていましたが、「親父に聞こう」という結論になりました。

その日、主人は22時頃に帰ってきたのですが、2人から「ちょっとここを教えて」と頼まれて、めったにないことなので嬉々として教えていました。

普段の主人の話は、主語などを省略するから、本当にわかりにくく、家族に不評です。でも、このときの説明はプロですから、とてもわかりやすく、私も、「この人、こんなにわかりやすい話し方もできるんだ」と感心しました。

長男と次男に、「よくわかった。親父ありがとう。さすがプロやな」と感心されて、主人はご機嫌でしたね。子どもの教育については、それまで主人の出番がまったくなかっただけに、その後も「現代社会」の裁判関係の質問には答えていました。ときには、「この事件の最高裁の判例は……」と話し始め、「司法試験じゃないから、判例は要らないよ」と言われていました(笑)。でも主人は「判例を知ったほうがわかりやすいぞ」と言うので、我慢して聞いていましたね。長男も次男も、今まで父親の出番がなかったことは知っているし、父親がすごく喜んでいるのはわかっていましたから。

主人は、三男や長女からも頼られることを期待していたと思いますが、三男のときには、東大は「現代社会」で受けられなくなったのです。そのため、三男も長女も「世界史」を選択。残念ながら主人の出番はありませんでした。

4 将来の夢や職業について、アドバイスや誘導はしたほうがいいでしょうか？

親の希望を押しつけるのはNG

子どもたちは4人とも、大学では医学部に進みましたが、これは本人たちが決めたことです。私自身は子どもたちに対して、大学、学部、あるいは将来の職業について、意見や希望を言ったり、ましてや誘導したりするなんてことは考えもしませんでした。

夫は、弁護士をしています。知人の弁護士の家庭を見ると、子どもは父親と同じ弁護士になり、一緒に法律事務所を運営することが多いようです。やはり、父親は、法廷でのテクニックや心構えなど、自分の弁護士生活で培ったことを子どもに引き継ぎたいのでしょう。私の夫もそのようなことを子どもに望んでいたと思います。

子どもが小さな頃から「お父さんと一緒に弁護士事務所をしよう」「弁護士はやりがいがあるよ」というようなことを話すと、必ず子どもの耳に残ります。子どもは、そのような親の気持ちを一切考慮しないということはできません。違うことをしたいと思っても、言い出せないこともあります。しかも、弁護士の子どもだからといって、弁護士に向いているとは限りません。そのため私は、子どもたちの将来を狭めないように「弁護士になってほしいとは絶対に言わないでね」と主人に伝えました。子どものプレッシャーになるし、向いていない子もいるかもしれないので、親の希望を押しつけてはならないと説明をし、主人には釘を刺しておきました。

医学部を選んだのは、専門職の父親を見て、自分たちも何か専門技術を身につけたいと考えてのことだと、子どもが話していたのを聞いたことがあります。そういう意味では、4人とも父親の仕事に対する姿勢は受け継いだということでしょう。4人とも社会が苦手だったので文系には進まず、理系を選んだのです。

いずれにせよ大切なことは、その子が精一杯頑張って身につけた基礎学力を元に、そのあとの中学校、高校の内容を上に積み上げ、その時点の実力で進める進学先や就職先を自分で決め、覚悟して生きていくことだと思います。

父親の後を継ぎかけた次男

実は、話好きな次男だけは、法学部もちらっと考えていたこともありました。次男の受験のときは、東大には後期試験がありましたが、後期試験に合格しても理Ⅲ（医学部）以外の学部にしか進めませんでした。浪人する気のない次男は、「前期の理Ⅲが不合格なら、後期は文Ⅰ（法学部）にして、弁護士になって親父の後を継ぐよ」と言っていました。それを聞いた主人の目は、キラリーンと輝きました。主人は少し次男に期待していたようです。

ところが次男は無事、前期試験で理Ⅲに合格。結局、4人とも理Ⅲに進むことになりました。主人の後継ぎの夢は消えてしまいましたが、子どもたちが自分で進路を考えて、希望の道に進めてよかったと思っています。

5 食事で気をつけていたことはありますか？

できるだけ安全なものを食べさせてあげたい

長男が生まれる前年の1990年、いろいろな本を読んでいたら、「何も考えずに食べていると、1年間で約2キロもの化学物質が体の中を通る」と知りました。排出されずに体内に吸収される化学物質もあると考えたら怖くなって、その年の秋頃から無農薬の野菜と米を宅配する業者の会員になりました。

それ以来現在まで、その業者に宅配を頼んでいますし、ずっと食の安全にこだわっています。

当時はまだ、「無農薬」というと珍しい感じでしたね。その業者は「自分たちの田んぼだけを無農薬にしても、隣の田んぼが農薬を使っていたら、その農薬が風で飛んでくることもあるので、それは無農薬とは言わない」などと厳しい基準を作っているちゃんとした組織でした。

無農薬の米はおいしいから、子どもたちは小さなときからご飯が大好きです。1度だけ無農薬の米を買いそこなって、切らしたことがあります。仕方なく、近所のスーパーに買いに行ったら、炊飯器のふたを開けたときの匂いが全然違うのです。子どもたちが「何か、今日のおにぎりはおいしくない」と言うので、オムライスやチャーハンなどにして、味をつけてごまかしました（笑）。子どもたちの舌が無農薬の米とそうではない米の違いをはっきりと識別することに、ビックリしましたね。

長男と次男が進学で上京してからは、子どもたちにずっと無農薬の米を送っています。現在、長男と次男は医師になって忙しいので送っていませんが、一緒に住んでいる三男と長女のところには送っています。

佐藤家の手作り食材

化学物質が入っているものはできるだけ避けたいので、天然酵母を使ったパン、大分県産のカボスを使ったポン酢など、いろいろなものを手作りしました。醬油は香川県から長期熟成の「かめびし醬油」を取り寄せました。

いろいろなものを手作りして、無農薬の大豆を使った味噌も作りました。今は、大豆は国産のものが少なく、自給率が7パーセントくらいですが、当時も北海道では大豆を生産していたので、無農薬のものを取り寄せました。

大豆を水に浸けてふやかした後、大きなお鍋で煮ます。プチっと指で潰れるぐらいまで煮たら、潰して塩と麴を入れて練ります。それを甕《かめ》みたいなものに入れ、空気が入らないようにして半年ほど置くと、味噌になります。自分のことを自慢する「手前味噌」という言葉がありますが、手作りの味噌は本当においしくて、その言葉を実感しましたね。子どもたちが小さいときから、その味噌を使って味噌汁を作りました。

出汁も利尻昆布から取ったり、鰹節を削ったりしました。削りたての鰹節で出汁を取ると、本当においしいですよ。

無農薬の大豆とにがりで、豆腐を作ったこともあります。次男が通った小学校の自由研究で、お豆腐作りをしました。大豆だけではなく、黒豆と青大豆も買って、3種類のお豆腐を作りました。普通の大豆のお豆腐は白、黒豆のお豆腐はグレー、青大豆のお豆腐は翡翠のような色で、子どもたちはみんな大喜びでした。子どもたちは、結構お豆腐好きで、かなり味にはうるさいですね。

炊きたてのおいしいご飯、味噌と出汁にこだわったお味噌汁、それにお漬物と煮物など1品を加えた食事が多かったですね。幕内秀夫さんの『粗食のすすめ』という本が当時流行っていてシリーズは全巻を揃えていましたが、三男が3歳くらいのとき、その本の写真を見て「ママ、うちのご飯って粗食だよね」と言っていました（笑）。

おやつの食べ方

「3時のおやつ」を子どもにあげないといけないという説がありますが、私は、子育てをしながら「本当にそうなのだろうか？」とずっと疑問に思ってきました。

そもそも、3時のおやつは、お昼ご飯と午後6時か7時の晩ご飯の間に食べさせることになっています。よく考えてみると、そんなに3時間おきに子どもに何か食べさせるのは、まずいだろうと思いました。食事の基本は朝、昼、晩の3食です。昼と晩の間に、もう1回、しかもおやつという名の甘い砂糖がたくさん入っているお菓子を食べさせるのは、よくないのではと考えました。

実際子どもを育ててみると、お腹を空かせないと子どもは、目の前に食事を並べても、決められた時間がきても食べません。晩ご飯をきちんと食べないと、寝るまでに必ずお腹が空くから、何か食べさせて寝かせると、次の日の朝が食べられなくて、朝ご飯の時間がずれる、そして、何だかわけがわからなくなるのです。

それで、やはり3時のおやつはいらないということにしました。午後外で遊んだときはお腹が空くので、おにぎりを食べさせたりはしましたが、お菓子はできるだけ与えないようにして、何か特別な日だけみんなで食べました。三度の食事で必要な栄養素やカロリーは十分まかなえますし、下手に3時のおやつを与えると、お腹がふくれて晩ご飯をきちんと食べられなくなることを避けたかったのです。特にスナック菓子やチョコレートの類は家に置かないようにしました。置いてあると、ついつい手を伸ばして食べてしまうからです。

子どもたちが大きくなってからも、定期テストが終わった後やクリスマス、誕生日といったイベントのときにだけ買って食べるようにしていました。たまに食べたほうがおいしいので、子どもたちは大盛り上がりでしたよ。

安心・安全な食材選びが基本。お菓子やスナックは特別な日だけのお楽しみに。

佐藤ママ式 超簡単離乳食

長男が1歳のとき、離乳食の作り方に凝ったことがあります。お米からお粥を作ったり、昆布や鰹節からダシを取ったり、野菜は小さく刻んでと、手をかけて楽しんではいたのですが、さすがに毎食となると疲れてしまって、一度だけベビーフードを買ってみようと思いお店へ行きました。

ずらりと並んださまざまな種類のベビーフードには驚きました。フリーズドライ、瓶入り、レトルトパック入り、粉末などいくつか買って帰って食べさせてみました。まず、手間のかかるお粥から、長男に食べさせたところ、舌でぺろぺろしながらお粥を押し出して、食べようとしないのです。「なぜ、食べないの?」と話しかけながら、私もどんな味かと思って食べてみたら、おいしくなかったです。これは、やはり私が作らないと、と思いました。

それで結局、長男には1回食べさせただけで、また自力で作ることになりました。あれから20数年もたっていますから、今のものははるかにおいしくなっていると思いますが。

毎日ため息をつきながら、離乳食って大変だなぁと思っていたときに、大学時代の友人から電話がかかってきました。その友人は私より先に子どもを産んでいたので、離乳食のことを尋ねたら、「離乳食なんか簡単よ。味噌汁の中にご飯を入れてやわらかくして食べさせると、全部食べるから」と言われました。それからは、味噌汁の中にご飯を入れたり、奈良の三輪そうめんやうどんを入れたりと、いろいろ試してみました。味噌汁には塩気があるので、食べやすかったようです。豆腐などのやわらかい具を入れると、それらの栄養もとれます。

どうやら、新米ママの私は、「離乳食」を特別な食べ物と捉えていたようです。そうではなくて、大人の食事から、基本的に薄味にして、塩分などを減らし、飲み込みやすさに注意したらいいのだと気づかされました。

あまりの簡単さに、目から鱗でした。大人のために作った味噌汁を少し取り分けて、ご飯やそうめん、うどんといった炭水化物、やわらかく煮た野菜を入れて、スプーンでつぶすだけで出来上がりです。楽で栄養がしっかりとれます。ぜひ、お試しください。

離乳食のレシピ本は何冊も買いましたが、時間をかけて取ったコンソメスープに小指の爪ほどの大きさの星型の人参や、小さなハート型の大根が浮いている離乳食が並んでいました。このような離乳食を知らず知らずのうちに目指していたことに気づき、「そりゃあ、追い詰められるわ」と、深く反省しました。

また、後になって気がついたのですが、はちみつは赤ちゃんに食べさせてはいけないのです。最近でも、はちみつの事故のニュースがありました。

私は長男を育児中、離乳食のレシピ本の隅っこのほうに「はちみつを赤ちゃんに食べさせると死亡することがある」と小さく書かれているのを見て、不思議に思っていました。はちみつは体にいい自然食品だと思って、砂糖がわりに料理に使っている人はたくさんいます。そんな危険なことについては、もっと大きな字で、一番見やすい1ページ目に書いておいてほしいと思いました。お母さんは忙しいのだから、そんな隅のところまで見ないし、ましてや今は核家族が多いのだから、教えてくれるおばあちゃんが近くにいません。小さな星型の人参をスープに浮かばせている場合ではないと思いました。

世の中の情報って、そんなものですよ。自分でしっかり情報を読んで、他のものと比べて、自分なりに考えないといけません。情報を正しく選んで、自分で整理して頭の中に入れる。また新しい情報を読んでまとめ、自分の記憶と常識を新しくしながら、上書き保存するのです。

子どもだけでなく、大人にも読解力は不可欠ということです。

おわりに

世の中は、大学入試改革で大騒ぎです。数学の計算の問題を解くために、かなりの長さの日本語の文章を読まなければならないのです。問題の形式がここまで変わるとやはり受験生も対策を考えなければなりません。その他の科目も、かなりの量の文章読解をこなさなければ答えを出すことができなくなります。

小学校、中学校、高校の学校の授業などは、大学入試の傾向に相当影響されますから、読解力を重要視した方向に進むでしょう。これから、ますます日本語を読んで理解することが必要となるのは間違いありません。

でも、もともと、「読解力」は人間が生きていくのに必要な《力》だったのです。それが昨今、本や新聞、雑誌を読まず、ネットニュースの自分が気になるところだけを読む、という人が多くなりました。同じ「字」なのだから、どちらでも大丈夫ではないか、という意見が多々ありますが、紙の活字を読むのと、画面の字を読むのとは、実はかなり違います。

実際に読むとわかりますが、ネットニュースの文章には、行間の趣、行間に漂う著者の思いのようなものを感じ取りにくいのです。本や新聞、雑誌には、気になった言葉で立ち止まれる物理的な広さがあります。紙のザラザラした手触りも関係しているのかも、と本書を執筆中に思いました。

さまざまな質感の紙に、工夫した絵と言葉をのせたものが、絵本です。その醸し出す雰囲気にメロディーをつけたのが童謡ですね。私は、子どもたち1人につき1万冊の絵本を読み、1万曲の童謡を歌いましたが、今思い出すと、毎日がファンタジーの世界に生きているようでした。絵本と童謡を間に挟んで、親子で向かい合う日々はどんなにか幸せだったのか、改めて感じました。

子どもは、絵本の世界の中に「ヨーイドン」で飛び込めるのです。絵本を読んであげると、子どもたちが絵本の中のクマさんやキツネさんとすぐにお友だちになっているのがわかります。目をキラキラさせて、クマさんの味方になったり、ウサギさんとかくれんぼをしたりしている姿を見るのは、親としても本当に幸せでした。

生まれたばかりで何も知らない、特に3歳までのお子さんに、1000日余りの短い期間、絵本を読んだり、童謡を歌って聴かせてあげたりしてほしくて、本書を執筆しました。子どもは大きくなっていくばかりで、二度と小さくはなりません。3歳までの子どもは、お母さんやお父さんの膝の上に乗る体の小ささなのです。そんな子どもを膝にちょこんと乗せて、絵本を読んだり童謡を歌ったりして、お母さんやお父さん、おばあちゃんやおじいちゃんの声を聞かせてあげてほしいと思います。そのときに養われた心が、大きくなって難しい長文を読みこなす力になっていきます。

まず、子育ての始まりの3年間、親子でかけがえのない大切なこの時間を楽しく過ごしてください。そして、次の4年目に入りましょう。本書で紹介した子育てを楽しくするさまざまな方法が、お役に立つとうれしいです。

最後になりましたが、絵本と童謡を大切にしたいという私の気持ちを大切にして、本の形に仕上げてくださった東洋経済新報社の齋藤宏軌さん、私のことをよく理解してくださっているライターの庄村敦子さんには、本書を前にして感謝の気持ちでいっぱいです。

佐藤亮子

巻末資料① オススメの絵本・本・図鑑200冊

オススメの年齢	書名	作者	出版社
0〜2歳	くだもの	平山和子	福音館書店
	やさい	平山和子	福音館書店
	おにぎり	平山英三・文　平山和子・絵	福音館書店
	落ち葉	平山和子・文、絵　平山英三・構成、写真	福音館書店
	もこ　もこもこ	たにかわしゅんたろう　もとながさだまさ・絵	文研出版
	みんなうんち	五味太郎	福音館書店
	きんぎょがにげた	五味太郎	福音館書店
	さんぽのしるし	五味太郎	福音館書店
	ぽぽぽぽぽ	五味太郎	偕成社
	とりあえずごめんなさい	五味太郎	絵本館
	いないいないばあ	松谷みよ子　瀬川康男・絵	童心社
	じどうしゃ	寺島龍一	福音館書店
	バナナです	川端誠	文化出版局
	おひさまあはは	前川かずお	こぐま社
	なにいろ?	本信公久	くもん出版
	かおかおどんなかお	柳原良平	こぐま社
	ねこがいっぱい	グレース・スカール　やぶきみちこ・訳	福音館書店
	ぎったん　ばっこん	なかえよしを　上野紀子・絵	文化出版局
	こんにちは	わたなべしげお　おおともやすお・絵	福音館書店
	がたん　ごとん　がたん　ごとん	安西水丸	福音館書店
	くまさんくまさんなにみてるの?	ビル・マーチン・文　エリック・カール・絵　偕成社編集部・訳	偕成社
	コロちゃんはどこ?	エリック・ヒル　まつかわまゆみ・訳	評論社
	おやすみ	なかがわりえこ　やまわきゆりこ・絵	グランまま社
	たまごのあかちゃん	かんざわとしこ　やぎゅうげんいちろう・絵	福音館書店
	ゆうたはともだち	きたやまようこ	あかね書房
	りんごがドスーン	多田ヒロシ	文研出版

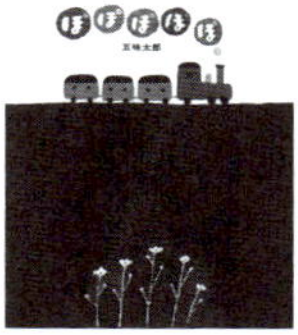

オススメの年齢	書名	作者	出版社
0〜2歳	しろくまちゃんのほっとけーき	わかやまけん	こぐま社
	こぐまちゃんのうんてんしゅ	わかやまけん	こぐま社
	このいろなあに	せなけいこ	金の星社
	パオちゃんのかくれんぼ	なかがわみちこ	PHP研究所
	いろいろたまご	山岡ひかる	くもん出版
	もしもしおでんわ	松谷みよ子　いわさきちひろ・絵	童心社
	トイレいけるかな	わらべきみか	ひさかたチャイルド
	のってのって	くろいけん	あかね書房
	ブータンいまなんじ?	わだよしおみ　ならさかともこ・絵	JULA出版局
	「コッコさん」シリーズ	片山健	福音館書店
	ぞうくんのさんぽ	なかのひろたか　なかのまさたか・レタリング	福音館書店
2〜4歳	あかいふうせん	イエラ・マリ　渡辺茂男・解説	ほるぷ出版
	ちいさいしょうぼうじどうしゃ	ロイス・レンスキー　わたなべしげお・訳	福音館書店
	ちいさいきかんしゃ	ロイス・レンスキー　わたなべしげお・訳	福音館書店
	ころころころ	元永定正	福音館書店
	かさ	太田大八	文研出版
	るるるるる	五味太郎	偕成社
	わにさんどきっ　はいしゃさんどきっ	五味太郎	偕成社
	きいろいのはちょうちょ	五味太郎	偕成社
	さんぽのしるし	五味太郎	福音館書店
	タンタンのぼうし	いわむらかずお	偕成社
	おおきいトンとちいさいポン	いわむらかずお	偕成社
	とりかえっこ	さとうわきこ　二俣英五郎・絵	ポプラ社
	ぶたたぬききつねねこ	馬場のぼる	こぐま社
	ロージーのおさんぽ	パット・ハッチンス　わたなべしげお・訳	偕成社
	おまたせクッキー	パット・ハッチンス　乾侑美子・訳	偕成社
	かばくん	岸田衿子　中谷千代子・絵	福音館書店

オススメの年齢	書名	作者	出版社
2〜4歳	おとうさんだいすき	司修	文研出版
	いいおかお	松谷みよ子　瀬川康男・絵	童心社
	ぶんぶんぶるるん	バイロン・バートン　てじまゆうすけ・訳	ほるぷ出版
	さよなら　さんかく	わかやまけん	こぐま社
	うんちがぽとん	アロナ・フランケル　さくまゆみこ・訳	アリス館
	へびくんのおさんぽ	いとうひろし	すずき出版
	ぽとんぽとんは　なんのおと	神沢利子　平山英三・絵	福音館書店
	くまさん くまさん	なかがわりえこ　やまわきゆりこ・絵	福音館書店
	かえるくんの　おさんぽ	きもとももこ	福音館書店
	しろくまのパンツ	tupera tupera	ブロンズ新社
	まっくろネリノ	ヘルガ・ガルラー　やがわすみこ・訳	偕成社
	とこちゃんはどこ	松岡享子　加古里子・絵	福音館書店
	「ねずみくん」シリーズ	なかえよしを　上野紀子・絵	ポプラ社
	「ノンタン」シリーズ	キヨノサチコ	偕成社
	「わにわに」シリーズ	小風さち　山口マオ・絵	福音館書店
3〜5歳	あおくんときいろちゃん	レオ・レオーニ　藤田圭雄・訳	至光社
	かめくんのさんぽ	なかのひろたか	福音館書店
	まほうのえのぐ	林明子	福音館書店
	りんごのき	エドアルド・ペチシカ　ヘレナ・ズマトリーコバー・絵　うちだりさこ・訳	福音館書店
	はらぺこあおむし	エリック・カール　もりひさし・訳	偕成社
	ガンピーさんのドライブ	ジョン・バーニンガム　みつよしなつや・訳	ほるぷ出版
	くまのコールテンくん	ドン・フリーマン　まつおかきょうこ・訳	偕成社
	わたし	谷川俊太郎　長新太・絵	福音館書店
	わたしのワンピース	にしまきかやこ	こぐま社
	おしいれのぼうけん	ふるたたるひ　たばたせいいち	童心社
	ぽちぽちいこか	マイク・セイラー・作　ロバート・グロスマン・絵　いまえよしとも・訳	偕成社
	ねこざかな	わたなべゆういち	フレーベル館

オススメの年齢	書名	作者	出版社
3〜5歳	にんじんさんがあかいわけ	松谷みよ子　ひらやまえいぞう・絵	童心社
	あまがえるのあおちゃん	高家博成　仲川道子	童心社
	なにをたべてきたの?	岸田衿子　長野博一・絵	佼成出版社
	三びきのやぎのがらがらどん	マーシャ・ブラウン・絵　せたていじ・訳	福音館書店
	くじらだ！	五味太郎	岩崎書店
	ゆきのひ	エズラ・ジャック・キーツ きじまはじめ・訳	偕成社
	しゅっぱつしんこう！	山本忠敬	福音館書店
	たんぽぽ	平山和子・文・絵　北村四郎・監修	福音館書店
	だるまちゃんとてんぐちゃん	加古里子	福音館書店
	あいうえおうさま	寺村輝夫　和歌山静子・絵 杉浦範茂・デザイン	理論社
	へびくんのおさんぽ	いとうひろし	すずき出版
	おやつがほーい　どっさりほい	梅田俊作　梅田佳子	新日本出版社
	わにわにのおふろ	小風さち　山口マオ・絵	福音館書店
	はるです　はるのおおそうじ	こいでたん　こいでやすこ・絵	福音館書店
	ぼくはあるいた　まっすぐまっすぐ	マーガレット・ワイズ・ブラウン　坪井郁美・文　林明子・絵	ペンギン社
	ぶたのたね	佐々木マキ	絵本館
	ちいさなたまねぎさん	せなけいこ	金の星社
	ちからたろう	いまえよしとも　たしませいぞう・絵	ポプラ社
	ちびゴリラのちびちび	ルース・ボーンスタイン　いわたみみ・訳	ほるぷ出版
	三びきのこぶた	山田三郎・画　瀬田貞二・訳	福音館書店
	ティッチ	パット・ハッチンス　いしいももこ・訳	福音館書店
	おばあさんのすぷーん	神沢利子　富山妙子・絵	福音館書店
	くれよんのはなし	ドン・フリーマン　さいおんじさちこ・訳	ほるぷ出版
	ひとあしひとあし	レオ＝レオニ　谷川俊太郎・訳	好学社
	パンダ銭湯	tupera tupera	絵本館
	おべんとうなあに?	山脇恭　末崎茂樹・絵	偕成社

オススメの年齢	書名	作者	出版社
3〜5歳	どうぞのいす	香山美子　柿本幸造・絵	ひさかたチャイルド
	くろくんとふしぎなともだち	なかやみわ	童心社
	すてきな三にんぐみ	トミー・アンゲラー　いまえよしとも・訳	偕成社
	ラチとらいおん	マレーク・ベロニカ　とくながやすもと・訳	福音館書店
	「だるまちゃん」シリーズ	加古里子	福音館書店
	「おしりたんてい」シリーズ	トロル	ポプラ社
	「14ひきの」シリーズ	いわむらかずお	童心社
	「ねむいねむいねずみ」シリーズ	ささきまき	PHP研究所
	「バーバパパ」シリーズ	アネット・チゾン　タラス・テイラー　やましたはるお・訳	講談社、偕成社（『おばけのバーバパパ』）
	「ぞうのババール」シリーズ	ジャン・ド・ブリュノフ　やがわすみこ・訳	評論社
	「ばばばあちゃん」シリーズ	さとうわきこ	福音館書店
4〜6歳	キャベツくん	長新太	文研出版
	ジャイアント・ジャム・サンド	ジョン・ヴァーノン・ロード　安西徹雄・訳	アリス館
	はたらきもののじょせつしゃけいてぃー	バージニア・リー・バートン　いしいももこ・訳	福音館書店
	マイク・マリガンとスチーム・ショベル	バージニア・リー・バートン　いしいももこ・訳	童話館出版
	ぽんぽん山の月	あまんきみこ　渡辺洋二・絵	文研出版
	おばけのどろんどろんとぴかぴかおばけ	わかやまけん	ポプラ社
	グリーンマントのピーマンマン	さくらともこ　中村景児・絵	岩崎書店
	おふろだいすき	松岡享子　林明子・絵	福音館書店
	じゃむ　じゃむ　どんくまさん	蔵冨千鶴子　柿本幸造・絵	至光社
	どろんこハリー	ジーン・ジオン　マーガレット・ブロイ・グレアム・絵　わたなべしげお・訳	福音館書店
	ぐるんぱのようちえん	西内ミナミ　堀内誠一・絵	福音館書店
	3びきのくま	L・N・トルストイ　バスネツォフ・絵　おがさわらとよき・訳	福音館書店

オススメの年齢	書名	作者	出版社
4〜6歳	やこうれっしゃ	西村繁男	福音館書店
	そらいろのたね	なかがわりえこ　おおむらゆりこ・絵	福音館書店
	まあちゃんのながいかみ	たかどのほうこ	福音館書店
	おおきなおおきな　おいも	市村久子・原案　赤羽末吉・作・絵	福音館書店
	ふんふんなんだかいいにおい	にしまきかやこ	こぐま社
	みどりいろのたね	たかどのほうこ　太田大八・絵	福音館書店
	からすのパンやさん	かこさとし	偕成社
	もりのおべんとうやさん	舟崎靖子　舟崎克彦・絵	偕成社
	もりのかくれんぼう	末吉暁子　林明子・絵	偕成社
	おおきなもののすきなおうさま	安野光雅	講談社
	ワニくんのなが〜いよる	みやざきひろかず	BL出版
	まりーちゃんとひつじ	フランソワーズ　与田準一・訳	岩波書店
	バムとケロのそらのたび	島田ゆか	文溪堂
	おかあさんだいすき	マージョリー・フラック・文・絵　大沢昌助・絵　光吉夏弥・訳	岩波書店
	「ぐりとぐら」シリーズ	なかがわりえこ　やまわきゆりこ・絵	福音館書店
	「おさるのジョージ」シリーズ	M.&H.A.レイ　福本友美子、渡辺茂男・訳	岩波書店
	「そらまめくん」シリーズ	なかやみわ	福音館書店
5〜7歳	おおきなかぶ	A.トルストイ・再話　佐藤忠良・画　内田莉莎子・訳	福音館書店
	めっきらもっきら　どおんどん	長谷川摂子　ふりやなな・画	福音館書店
	ふしぎなたけのこ	松野正子　瀬川康男・絵	福音館書店
	木を植えた男	ジャン・ジオノ・原作　フレデリック・バック・絵　寺岡襄・訳	あすなろ書房
	いもさいばん	きむらゆういち　たじまゆきひこ・絵	講談社
	こんとあき	林明子	福音館書店
	しょうぼうじどうしゃじぷた	渡辺茂男　山本忠敬・絵	福音館書店
	だってだってのおばあさん	佐野洋子	フレーベル館
	かあさんのいす	ベラ B. ウィリアムズ　佐野洋子・訳	あかね書房
	きいろいばけつ	もりやまみやこ　つちだよしはる・絵	あかね書房

オススメの年齢	書名	作者	出版社
5〜7歳	スーホの白い馬	大塚勇三・再話　赤羽末吉・画	福音館書店
	そして、トンキーもしんだ	たなべまもる　かじあゆた・絵　小森厚・解説	国土社
	カレーライスはこわいぞ	角野栄子　佐々木洋子・絵	ポプラ社
	おさるはおさる	いとうひろし	講談社
	ぞくぞく村のミイラのラムさん	末吉暁子　垂石眞子・絵	あかね書房
	ふらいぱんじいさん	神沢利子　堀内誠一・絵	あかね書房
	ダーウィンのミミズの研究	新妻昭夫　杉田比呂美・絵	福音館書店
	エンザロ村のかまど	さくまゆみこ　沢田としき・絵	福音館書店
	わたしが外人だったころ	鶴見俊輔　佐々木マキ・絵	福音館書店
	島ひきおに	山下明生　梶山俊夫・絵	偕成社
	びゅんびゅんごまがまわったら	宮川ひろ　林明子・絵	童心社
	ちいさいおうち	バージニア・リー・バートン　石井桃子・訳	岩波書店
	せいめいのれきし　改訂版	バージニア・リー・バートン　まなべまこと・監修　いしいももこ・訳	岩波書店
	スイミー	レオ＝レオニ　谷川俊太郎・訳	好学社
	あらしのよるに	きむらゆういち　あべ弘士・絵	講談社
	おじさんのかさ	佐野洋子	講談社
	100万回生きたねこ	佐野洋子	講談社
	おかあちゃんがつくったる	長谷川義史	講談社
	なつのおとずれ	かがくいひろし	PHP研究所
	ピーターのいす	E＝ジャック＝キーツ　きじまはじめ・訳	偕成社
	ぼくらの地図旅行	那須正幹　西村繁男・絵	福音館書店
	絵で読む広島の原爆	那須正幹　西村繁男・絵	福音館書店
	おたまじゃくしの101ちゃん	かこさとし	偕成社
	みずとはなんじゃ？	かこさとし　鈴木まもる・絵	小峰書店
	宇宙	加古里子	福音館書店
	海	加古里子	福音館書店
	地球	加古里子	福音館書店

オススメの年齢	書名	作者	出版社
5〜7歳	アリになった数学者	森田真生　脇阪克二・絵	福音館書店
	「おばけのはなし」シリーズ	寺村輝夫　ヒサクニヒコ・画	あかね書房
	「かいけつゾロリ」シリーズ	原ゆたか	ポプラ社
	「かいぞくポケット」シリーズ	寺村輝夫　永井郁子・絵	あかね書房
	「こまったさん」シリーズ	寺村輝夫　岡本颯子・絵	あかね書房
	「11ぴきのねこ」シリーズ	馬場のぼる	こぐま社
	「旅の絵本」シリーズ	安野光雅	福音館書店
	「わかったさんのおかし」シリーズ	寺村輝夫　永井郁子・絵	あかね書房
図鑑・お役立ち本	工作図鑑	木内勝・作、絵　田中皓也・絵	福音館書店
	写真でわかる　決定版　おりがみ大百科	山口真	西東社
	あそべるたのしい男の子のおりがみ	山口真	ナツメ社
	おしゃれでかわいい女の子のおりがみ	山口真	ナツメ社
	あやとりいととりセット	さいとうたま・採取・文　つじむらますろう・絵	福音館書店
	あやとりしようよ！	あやとり探検隊・編	日本文芸社
	やさしいあやとり	野口廣・監修	主婦の友社
	自由研究図鑑	有沢重雄　月本佳代美・絵	福音館書店
	小学館の図鑑NEOシリーズ		小学館

巻末資料② オススメの童謡130曲

ジャンル	曲名	作詞者	作曲者	歌い出し
動物	犬のおまわりさん	佐藤義美	大中恩	まいごのまいごのこねこちゃん
	かえるの合唱	岡本敏明（訳詞）	ドイツ民謡	かえるのうたがきこえてくるよ
	どんぐりころころ	青木存義	梁田貞	どんぐりころころどんぶりこ
	月の砂漠	加藤まさを	佐々木すぐる	月の砂漠をはるばると
	証城寺の狸囃子	野口雨情	中山晋平	証証証城寺証城寺の庭は
	うさぎ	文部省唱歌	文部省唱歌	うさぎうさぎなにみてはねる
	兎のダンス	野口雨情	中山晋平	そそらそらそらうさぎのダンス
	山の音楽家	水田詩仙（訳詞）	ドイツ民謡	わたしゃ音楽家山のこりす
	森のくまさん	馬場祥弘（訳詞）	アメリカ民謡	あるひもりのなかくまさんに
	待ちぼうけ	北原白秋	山田耕筰	待ちぼうけ待ちぼうけ
	餅つき	文部省唱歌	文部省唱歌	ぺったんぺったんおもちつき
鳥	かもめの水兵さん	武内俊子	河村光陽	かもめの水兵さん
	七つの子	野口雨情	本居長世	烏なぜ啼くの
	鳩	文部省唱歌	文部省唱歌	ぽっぽっぽ鳩ぽっぽ
	静かな湖畔の	山北多喜彦（訳詞）	外国曲	静かな湖畔の森のかげから
	雀の学校	清水かつら	弘田龍太郎	チイチイパッパチイパッパ
	浜千鳥	鹿島鳴秋	弘田龍太郎	青い月夜の浜辺には
	雁がわたる	文部省唱歌	文部省唱歌	雁がわたる、鳴いてわたる
	とんび	葛原しげる	梁田貞	とべとべとんび空高く
虫	かたつむり	文部省唱歌	文部省唱歌	でんでんむしむしかたつむり
	蝶々	野村秋足	スペイン民謡	ちょうちょうちょうちょう
	とんぼのめがね	額賀誠志	平井康三郎	とんぼのめがねは水いろ
	黄金虫	野口雨情	中山晋平	黄金虫は金持ちだ
	赤とんぼ	三木露風	山田耕筰	夕やけ小やけの赤とんぼ
	虫のこえ	文部省唱歌	文部省唱歌	あれ松虫が鳴いている
植物	さくらさくら	日本民謡	日本民謡	さくらさくらのやまもさとも
	チューリップ	近藤宮子・井上武士	近藤宮子・井上武士	さいたさいたチューリップのはなが
	花	武島羽衣	滝廉太郎	春のうららの隅田川

ジャンル	曲名	作詞者	作曲者	歌い出し
植物	野菊	石森延男	下総皖一	遠い山から吹いて来る
	からたちの花	北原白秋	山田耕筰	からたちの花が咲いたよ
	紅葉	高野辰之	岡野貞一	秋の夕日に照る山紅葉
	椰子の実	島崎藤村	大中寅二	名も知らぬ遠き島より
	りんごのひとりごと	武内俊子	河村光陽	私は真っ赤なりんごです
遊び歌	むすんでひらいて	文部省唱歌	ルソー	むすんでひらいて
わらべうた	あんたがたどこさ	わらべうた	わらべうた	あんたがたどこさ肥後さ
	おおさむこさむ	わらべうた	わらべうた	おおさむこさむ山から小僧
	おべんとうばこのうた	不詳	わらべうた	これくらいのおべんとばこに
	かごめかごめ	わらべうた	わらべうた	かごめかごめかごのなかの
	げんこつやまのたぬきさん	わらべうた	わらべうた	げんこつやまのたぬきさん
	ずいずいずっころばし	わらべうた	わらべうた	ずいずいずっころばし
	花いちもんめ	わらべうた	わらべうた	ふるさとまとめて花いちもんめ
	ひらいたひらいた	わらべうた	わらべうた	ひらいたひらいたなんの花が
	ほたるこい	わらべうた	わらべうた	ほうほうほたるこい
	でんでらりゅうば	わらべうた	わらべうた	でんでらりゅうばでてくる
	あぶくたった	わらべうた	わらべうた	あぶくたったにえたった
	あがりめさがりめ	わらべうた	わらべうた	あがりめさがりめ
	1本ばしコチョコチョ	わらべうた	わらべうた	1本ばしコチョコチョ
	いもむしごろごろ	わらべうた	わらべうた	いもむしごろごろ
	おおなみこなみ	わらべうた	わらべうた	おおなみこなみ
	おしくらまんじゅう	わらべうた	わらべうた	おしくらまんじゅう
	おせんべいやけたかな	わらべうた	わらべうた	おせんべいやけたかな
	おちゃらか	わらべうた	わらべうた	せっせっせのよいよいよい
	お寺のおしょうさん	わらべうた	わらべうた	お寺のおしょうさんが
	だるまさん	わらべうた	わらべうた	だるまさんだるまさん
	ちゃつぼ	わらべうた	わらべうた	ちゃちゃつぼちゃつぼ
	手まり唄	わらべうた	わらべうた	てんてんてん天神さまの
	通りゃんせ	わらべうた	わらべうた	通りゃんせ通りゃんせ

ジャンル	曲名	作詞者	作曲者	歌い出し
わらべうた	なべなべそこぬけ	わらべうた	わらべうた	なべなべそこぬけ
	棒がいっぽんあったとさ	わらべうた	わらべうた	棒がいっぽんあったとさ
	ゆうびんやさん	わらべうた	わらべうた	ゆうびんやさん
	山寺の和尚さん	わらべうた	わらべうた	山寺の和尚さんは
子守唄	ゆりかごの唄	北原白秋	草川信	ゆりかごのうたをカナリヤが
	江戸子守唄	日本民謡	日本民謡	ねんねんころりよおころりよ
童話	桃太郎	文部省唱歌	岡野貞一	桃太郎さん桃太郎さん
	浦島太郎	文部省唱歌	文部省唱歌	昔昔浦島は助けた亀に
	きんたろう	石原和三郎	田村虎蔵	まさかりかついだきんたろう
	うさぎとかめ	石原和三郎	納所弁次郎	もしもしかめよかめさんよ
	一寸法師	巌谷小波	田村虎蔵	指にたりない一寸法師
子ども	くつが鳴る	清水かつら	弘田龍太郎	お手つないで野道を行けば
	叱られて	清水かつら	弘田龍太郎	叱られて叱られてあの子は
	赤い靴	野口雨情	本居長世	赤い靴はいてた女の子
	我は海の子	文部省唱歌	文部省唱歌	我は海の子白浪の
友だち	仲よしこみち	三苫やすし	河村光陽	仲よしこみちはどこの道
	手のひらを太陽に	やなせたかし	いずみたく	ぼくらはみんな生きている
親子	雨ふり	北原白秋	中山晋平	雨雨ふれふれかあさんが
	おかあさん	田中ナナ	中田喜直	おかあさんなあに
家庭・家族	あの町この町	野口雨情	中山晋平	あの町この町日がくれる
	故郷	高野辰之	岡野貞一	兎追いしかの山
	大きな古時計	保富康午（訳詞）	ワーク	大きなのっぽの古時計
	背くらべ	海野厚	中山晋平	柱の傷はおととしの
	埴生の宿	文部省唱歌（訳詞）	ビショップ	埴生の宿もわが宿
	旅愁	犬童球渓（訳詞）	オードウェイ	更け行く秋の夜旅の空の
	朝はどこから	森まさる	橋本国彦	朝はどこから来るかしら
玩具	おもちゃのチャチャチャ	野坂昭如 吉岡治補詞	越部信義	おもちゃのチャチャチャ
	おもちゃのマーチ	海野厚	小田島樹人	やっとこやっとこくりだした

ジャンル	曲名	作詞者	作曲者	歌い出し
玩具	たこの歌	文部省唱歌	文部省唱歌	たこたこあがれ
	青い眼の人形	野口雨情	本居長世	青い眼をしたお人形は
	シャボン玉	野口雨情	中山晋平	シャボン玉とんだ
乗物	ちかてつ	名村宏	越部信義	ちかてつはいつもまよなか
	汽車	不詳	大和田愛羅	今は山中今は浜
	汽車ポッポ	富原薫	草川信	汽車汽車ポッポポッポ
	電車ごっこ	井上赳	信時潔	運転手は君だ車掌は僕だ
行事	お正月	東くめ	滝廉太郎	もういくつねるとお正月
	こいのぼり	近藤宮子	不詳	やねよりたかいこいのぼり
	たなばたさま	権藤はなよ 林柳波補詞	下総皖一	ささの葉さらさらのきばに
仕事	村の鍛冶屋	文部省唱歌	文部省唱歌	しばしも休まず槌うつ響き
自然	アルプス一万尺	不詳	アメリカ民謡	アルプス一万尺
	ふじの山	巖谷小波	文部省唱歌	あたまを雲の上に出し
	雨降りお月さん	野口雨情	中山晋平	雨降りお月さん雲の蔭
	一番星みつけた	文部省唱歌	文部省唱歌	一番星みつけた
	雨	北原白秋	弘田龍太郎	雨がふります　雨がふる
	月	文部省唱歌	文部省唱歌	出た出た月が
	荒城の月	土井晩翠	滝廉太郎	春高楼の花の宴
	浜辺の歌	林古渓	成田為三	あした浜辺をさまよえば
	砂山	北原白秋	中山晋平	海は荒海向こうは佐渡よ
	この道	北原白秋	山田耕筰	この道はいつか来た道
	牧場の朝	文部省唱歌	船橋栄吉	ただ一面に立ちこめた
	夕日	葛原しげる	室崎琴月	ぎんぎんぎらぎら夕日が沈む
	みどりのそよ風	清水かつら	草川信	みどりのそよ風いい日だね
	案山子	文部省唱歌	文部省唱歌	山田の中の一本足の
春	早春賦	吉丸一昌	中田章	春は名のみの風の寒さや
	春が来た	高野辰之	岡野貞一	春が来た春が来た
	春の小川	高野辰之	岡野貞一	春の小川はさらさら行くよ
	茶摘	文部省唱歌	文部省唱歌	夏も近づく八十八夜

ジャンル	曲名	作詞者	作曲者	歌い出し
春	朧月夜	高野辰之	岡野貞一	菜の花畠に入日薄れ
	どこかで春が	百田宗治	草川信	どこかで春が生まれてる
夏	夏は来ぬ	佐々木信綱	小山作之助	卯の花の匂う垣根に
	花火	井上赳	下総皖一	どんとなった花火だ
秋	ちいさい秋みつけた	サトウハチロー	中田喜直	誰かさんが誰かさんが
	まっかな秋	薩摩忠	小林秀雄	まっかだなまっかだな
	十五夜お月さん	野口雨情	本居長世	十五夜お月さん
	村祭	文部省唱歌	文部省唱歌	村の鎮守の神様の
冬	ペィチカ	北原白秋	山田耕筰	雪の降る夜は楽しいペチカ
	春よ来い	相馬御風	弘田龍太郎	春よ来い早く来い
	雪	文部省唱歌	文部省唱歌	雪やこんこ霰やこんこ
	北風小僧の寒太郎	井出隆夫	福田和禾子	北風小僧の寒太郎
	冬景色	文部省唱歌	文部省唱歌	さ霧消ゆる湊江の舟に白し
	トロイカ	楽団カチューシャ（訳詞）	ロシア民謡	雪の白樺並木　夕日が映える
別れ	蛍の光	稲垣千頴（訳詞）	スコットランド民謡	蛍の光窓の雪
	仰げば尊し	文部省唱歌	文部省唱歌	仰げば尊し、わが師の恩

【著者紹介】
佐藤亮子（さとう　りょうこ）
大分県出身。津田塾大学卒業。大分県内の私立高校で英語教師として勤務。結婚後、夫の勤務先の奈良県に移り、専業主婦に。長男、次男、三男、長女の4人の子どもを育てる。長男、次男、三男は灘中学・高等学校を経て、東京大学理科Ⅲ類に進学。長女は洛南中学・高等学校を経て、東京大学理科Ⅲ類に進学。現在、長男と次男は医師として活躍。三男と長女は東大医学部の学生。その育児法、教育法に注目が集まり、全国で講演を行う。

日本音楽著作権協会（出）許諾第1912294-901号

頭のいい子に育てる
3歳までに絶対やるべき幼児教育

2019年12月19日発行

著　者――佐藤亮子
発行者――駒橋憲一
発行所――東洋経済新報社
〒103-8345　東京都中央区日本橋本石町 1-2-1
電話＝東洋経済コールセンター　03(6386)1040
https://toyokeizai.net/

編集協力………庄村敦子
ブックデザイン…小口翔平+山之口正和+三沢稜（tobufune）
イラスト…………いだ　りえ
写　真…………梅谷秀司
ヘアメイク………小林絵美
D T P…………アイランドコレクション
印　刷…………廣済堂
編集アシスト……重田祐子
編集担当………齋藤宏軌
　ISBN 978-4-492-22393-2